Manipolazione mentale

Tecniche di persuasione per influenzare e manipolare la mente degli altri

Scritto da

Roberta Conti

Titolo | **Manipolazione mentale**

Roberta Conti| © 2020 – Tutti i diritti riservati all'autore, nessuna parte di questo libro può essere pertanto riprodotta senza il preventivo assenso dell'autore.

Non è consentito in alcun modo riprodurre, duplicare, o trasmettere alcuna parte di questo documento in formato digitale o cartaceo. La diffusione di questa pubblicazione è severamente proibita e qualsiasi fruizione di questo documento non è consentita senza il preventivo con-senso scritto dell'editore. Tutti i diritti riservati.

L'accuratezza e l'integrità delle informazioni qui contenute è garantita, ma non è assunta responsabilità di alcun genere. Essa è infatti, in termini di fraintendimento delle informazioni per disattenzione, oppure per l'uso o l'abuso di eventuali politiche, processi o istruzioni contenute all'interno del libro, responsabilità sola ed assoluta del lettore destinatario. In nessun caso è consentito perseguire legalmente o incolpare l'editore per qualsiasi danno arrecato o perdita monetaria avvenuti a causa di informazioni contenute in questo libro, né direttamente né indirettamente.

I diritti sono detenuti dai rispettivi autori e non dall'editore.

Nota Legale: Questo libro è protetto da copyright. È esclusivamente per uso personale. Non è consentito modificare, distribuire, vendere, utilizzare, citare o parafrasare nessuna parte del contenuto di questo libro senza lo specifico consenso dell'autore o del proprietario dei diritti di copyright.

Qualsiasi violazione di questi termini sarà sanzionata secondo quanto previsto dalla legge.

Disclaimer:

Si prega di notare che il contenuto di questo libro è esclusiva-mente per scopi educativi e di intrattenimento. Ogni misura è stata presa per fornire informazioni accurate, aggiornate e completamente affidabili. Non sono espresse o implicate garanzie di alcun tipo. I lettori riconoscono che il parere dell'autore non è da sostituirsi a quello legale, finanziario, medico o professionale.

INDICE

INTRODUZIONE

La manipolazione è la pratica dell'uso di tattiche indirette per controllare il comportamento, le emozioni e le relazioni.

Cos'è la manipolazione?

La maggior parte delle persone si dedica a manipolazioni periodiche. Ad esempio, dire a un conoscente che ti senti "bene" quando sei effettivamente depresso è, tecnicamente, una forma di manipolazione perché controlla le percezioni e le reazioni delle persone nei tuoi confronti.

La manipolazione può anche avere conseguenze più insidiose, tuttavia, ed è spesso associata ad abusi emotivi, in particolare nelle relazioni intime. La maggior parte delle persone vede la manipolazione in modo negativo, specialmente quando danneggia la salute fisica, emotiva o mentale della persona "vittima".

Le persone che manipolano gli altri spesso lo fanno perché sentono il bisogno di controllare il loro ambiente e ciò che lo circonda: un impulso che spesso deriva da una paura o ansia profonda, non è un comportamento sano.

Effetti della manipolazione sulla salute mentale

Se non affrontata, la manipolazione può portare problemi di salute mentale a coloro che vengono manipolati. La manipolazione cronica nelle relazioni strette può anche essere un segno intenso di abuso emotivo, che in alcuni casi può avere un effetto simile al trauma, in particolare quando la vittima della manipolazione si sente in colpa o si vergogna.

Le vittime di manipolazione cronica possono:

- Sentirsi depresse

- Sviluppare l'ansia

- Sviluppare schemi di adattamento malsani

- Cercare costantemente di compiacere la persona manipolatrice

- Mentire sui loro sentimenti

- Mettere i bisogni di un'altra persona prima dei propri

- Trovare difficile fidarsi degli altri

Manipolazione e salute mentale

Sebbene la maggior parte delle persone s'impegni di tanto in tanto nella manipolazione, un modello cronico di manipolazione può indicare un problema di salute mentale sottostante.

La manipolazione è particolarmente comune per i soggetti con diagnosi di disturbo di personalità borderline o narcisistica. Per molti soggetti con personalità borderline, la manipolazione può essere un mezzo per soddisfare i loro bisogni emotivi o ottenere conferme, e spesso si verifica quando la persona si sente insicura o abbandonata. Poiché molte persone con personalità borderline hanno subito o sperimentato abusi, la manipolazione potrebbe essersi sviluppata come meccanismo di coping per soddisfare i bisogni indirettamente.

Gli individui con personalità narcisistica possono avere diversi motivi per impegnarsi in comportamenti manipolativi. Poiché possono avere difficoltà ad instaurare relazioni strette, possono ricorrere alla manipolazione per "mantenere" il loro partner legato a se. Le caratteristiche della manipolazione narcisistica possono includere vergogna, tendenza ad incolpare gli altri, episodi di vittimismo, problemi di controllo e gaslighting.

Manipolazione nelle relazioni

La manipolazione a lungo termine può avere gravi effetti nelle relazioni strette, comprese quelle tra amici, familiari e partner romantici. La manipolazione può deteriorare la salute di una relazione e portare ad una cattiva salute mentale.

In un matrimonio o in una coppia, la manipolazione può far sì che un partner si senta vittima di bullismo, isolato o inutile. Anche nelle relazioni sane, un partner può inavvertitamente manipolare l'altro per evitare il confronto o anche nel tentativo di impedire alla propria metà di sentirsi oppresso. Molte persone potrebbero persino sapere di essere manipolate nella loro relazione e scegliere di ignorare o minimizzare il problema. La manipolazione nelle relazioni intime può assumere molte forme, tra cui esagerazione, senso di colpa, donazione o dimostrazione selettiva di affetto, mantenimento dei segreti e aggressività passiva.

I genitori che manipolano i propri figli possono provocare in loro senso di colpa, depressione, ansia, problemi alimentari e altri problemi di salute mentale. Uno studio ha anche rivelato che i genitori che usano regolarmente tattiche di manipolazione sui loro figli possono aumentare la probabilità che questi assumano comportamenti maniacali. I segni di manipolazione nella relazione genitore-figlio possono includere tentativi di far sentire il bambino in colpa, mancanza di responsabilità da parte di un genitore, minimizzazione dei risultati e necessità di essere coinvolto in molti aspetti della vita del bambino.

Le persone possono anche sentirsi manipolate se prendono parte ad un'amicizia diventata tossica. Nelle amicizie manipolatrici, una persona potrebbe usare l'altra per soddisfare i propri bisogni a spese degli altri. Un amico manipolatore potrebbe usare il senso di colpa o la coercizione per estorcere favori, come prestare denaro, oppure può contattarlo solo quando ha bisogno che i suoi bisogni emotivi siano soddisfatti e può trovare scuse nella relazione.

Esempi di comportamento manipolativo

A volte, le persone possono manipolare gli altri inconsciamente, senza essere pienamente consapevoli di ciò che stanno facendo, mentre altri possono lavorare attivamente per rafforzare le loro tattiche di manipolazione. Alcuni segni di manipolazione includono:

- Comportamento passivo-aggressivo

- Minacce implicite

- Disonestà

- Occultamento di informazioni

- Isolamento di una persona dai propri cari

- Gaslighting

- Abuso verbale

- Uso del sesso per il raggiungimento dei propri obiettivi

Come trattare con persone manipolatrici

Quando la manipolazione diventa tossica, affrontare il comportamento degli altri può essere estenuante. È stato dimostrato che la manipolazione sul posto di lavoro riduce le prestazioni e il comportamento manipolativo dei propri cari può far sembrare la realtà discutibile. Se ritieni di essere manipolato in qualsiasi tipo di relazione, potrebbe essere utile:

- Disimpegnarti. Se qualcuno sta cercando di ottenere una risposta emotiva particolare da te, scegli di non dargliela. Ad esempio, se è noto che un amico manipolatore ti lusinga prima di chiedere un favore eccessivo, non scherzare, piuttosto rispondi educatamente e porta avanti la conversazione.

- Essere fiducioso. A volte, la manipolazione può includere i tentativi di una persona di indurre un'altra a dubitare delle proprie capacità, intuizione o persino realtà. Se questo accade, potrebbe essere utile restare fedele alla tua storia; tuttavia, se questo accade spesso in una relazione stretta, potrebbe essere il momento di andarsene.

- Affrontare la situazione. Concentrarsi su come le azioni dell'altra persona ti stanno influenzando piuttosto che iniziare con una dichiarazione accusatoria può anche aiutarti a raggiungere una risoluzione sottolineando che le sue tattiche manipolative non funzioneranno su di te.

- Rimanere in tema. Quando riconosci un comportamento che ti fa sentire manipolato, l'altra persona può cercare di minimizzare la situazione o confonderla sollevando altri problemi per distrarti.

Affrontare la manipolazione in terapia

Il trattamento e la terapia per il comportamento manipolativo possono dipendere in gran parte dai problemi che, a monte, causano il comportamento. Se, ad esempio, la manipolazione è causata da un problema di salute mentale sottostante, la terapia individuale può aiutare quella persona a capire perché il suo comportamento è malsano per sé e per coloro che la circondano. Un consulente può anche essere in grado di aiutare la persona manipolatrice ad apprendere abilità per interagire con gli altri rispettando i loro confini e affrontando le insicurezze sottostanti che possono contribuire al comportamento.

Alcuni problemi di salute mentale come la personalità borderline possono indurre le persone a provare ansia nelle relazioni, inducendole ad agire in modo manipolativo per sentirsi sicure.

CAPITOLO 1: MANIPOLAZIONE: TECNICHE, STRATEGIE ED ETICA

La manipolazione è l'atto di influenzare e convincere gli altri ad abbracciare credenze o comportamenti che promuovono gli interessi del manipolatore.

Manipolazione sociale

Tecniche di manipolazione sociale:

1. Scalping sociale

Lo scalping sociale è una forma di manipolazione dello scambio sociale, che cerca di gonfiare il proprio contributo e svalutare il contributo della vittima come un modo per prendere più di quello che si dona.

C'è un modo più giusto e non manipolativo per assicurarti di riavere ciò che hai dato.

Ed è per chiarire che ti aspetti qualcosa in cambio.

2. Senso di colpa

La manipolazione del senso di colpa fa sì che il bersaglio si senta male per qualcosa che ha fatto o non è riuscito a fare e lo manipola affinché agisca per "rimediare" ai suoi errori.

2.1. I giochi di pietà

Il gioco di pietà è una tecnica speciale con cui l'autore si dipinge come disperatamente impotente o come una vittima.

Il gioco della pietà cerca di far agire il bersaglio "per pietà".

Un mendicante che fa del suo meglio per sembrare affamato e disperato usa giochi di pietà.

I giochi di pietà sono più efficaci quando sono combinati con il senso di colpa:

" SONO UNA VITTIMA A CAUSA TUA,
ECCO PERCHÉ DOVRESTI SENTIRTI
IN COLPA, ED È PER QUESTO CHE
DEVI FARMI PERDONARE".

I giochi di pietà sono efficaci come manipolazioni di ultima istanza.

Quando non hai assolutamente più effetto leva, puoi giocare con la pietà.

I giochi di pietà, come la maggior parte delle altre manipolazioni, possono essere usati per cause potenzialmente buone.

3. Moralizzazione manipolativa

Il moralismo manipolativo fa sentire il bersaglio in colpa per comportamenti o convinzioni che non sono conformi alla serie di morali ed etiche del manipolatore.

Com'è la manipolazione moralizzante?

Se è il manipolatore che decide, allora potrebbe avere un secondo motivo.

Facendoci sentire male, il manipolatore moralista cerca di cambiare il nostro comportamento per adattarlo al suo ideale di comportamento "corretto".

Quando il manipolatore moralista è bravo, il bersaglio si sente "giudicato" male e "non abbastanza bravo".

Va in entrambe le direzioni, ovviamente.

Le donne cercano di manipolare gli uomini per indurli a provvedere e impegnarsi, mentre gli uomini cercano di svergognare le donne affinché siano caste e fedeli, il che è un modo di proteggersi da possibili "eventi di non paternità".

4. Auto-rivelazione manipolativa

Le informazioni personali sono molto preziose negli scambi sociali.

Pertanto, a causa della natura di scambio delle relazioni sociali, fornire informazioni potenzialmente preziose genera la capacità di ricevere potere.

O, almeno, fa pressione sull'obiettivo affinché divulghi informazioni preziose a causa della legge di reciprocità.

Il manipolatore abusa del sistema di scambio sociale condividendo informazioni personali non richieste che esercitano pressioni sul target affinché condivida le proprie.

In alternativa, se il manipolatore ha un obiettivo chiaro, può condividere informazioni personali non richieste e quindi chiedere direttamente le informazioni desiderate .

5. Finte prosociali

Le finte prosociali incoraggiano gli altri ad aderire a una serie di regole che limitano la loro freddezza personale o compromettono la loro efficacia nella vita, mentre il manipolatore stesso gode di più potere.

Le finte prosociali si basano sulla dicotomia tra collaborazione di gruppo e defezione egoistica.

Ad esempio, se tutti fossero prosociali, tutti ne guadagnerebbero. Ma se il manipolatore riesce a convincere gli altri a essere prosociali mentre difetta di nascosto, gode di guadagni molto maggiori.

Esistono tre diversi tipi di finte prosociali:

Manipolazione e difetto: il manipolatore professa ideali e comportamenti prosociali. Finge di obbedirvi in pubblico ma, in privato e ogni volta che può, ha dei difetti.

Rispettare e fare proselitismo: il comportamento quando nessun altro è prosociale può essere costoso. Quindi, un vero credente cerca di arruolare gli altri per evitare una perdita comparativa (nota: il costante e il proselitismo possono essere una scelta rispettabile e che aggiunge valore nella vita)

Inquadra l'impotenza come una virtù: il manipolatore non può competere in un sistema aperto, quindi cerca di promuovere virtù ed etica che limitano la capacità delle persone di raggiungere determinati obiettivi.

In tutti questi casi, il feinter guadagna anche punti sociali sembrando disinteressato e prosociale.

5.1. Finte pro-gruppo

Le finte a favore del gruppo incoraggiano gli altri ad aderire a una serie di valori e morali pro-gruppo che limitano o danneggiano la libertà personale, aumentando il potere del manipolatore.

Le finte non sono nemmeno pro-umanità o volte a proteggere i beni pubblici, ma incoraggiano atteggiamenti aggressivi e bellicosi nei confronti di un out-group esterno, rendendo le persone amareggiate e arrabbiate.

6. Più manipolazioni sociali

Ci sono innumerevoli manipolazioni sociali.

Eccone solo alcuni esempi:

- Farsi negare: proporre qualcosa a cui sono costretti a dire "no", il che li rende socialmente indebitati. Quindi sfruttare quel credito sociale per negare la loro futura, giusta richiesta.

- Finte di pace manipolatrici: fingere di essere amichevole e collaborativo quando non lo sei. Ad esempio, dire agli altri di "smetterla di essere così difensivi".

- Aggressività manipolativa: arrabbiarsi, essere aggressivi o eccessivamente dominanti per instillare paura e renderti il bersaglio più flessibile e sottomesso. Traumatic one-trial learning è un esempio di manipolazione aggressiva da parte di autori di abusi manipolativi all'interno di relazioni negative.

Manipolazione della seduzione

Esistono due tipi di manipolazione sessuale:

- Manipolazione intra-sessuale: manipolazione finalizzata a rendere le persone dello stesso sesso meno competitive.

- Manipolazione intersessuale: manipolazione volta a ridurre il potere di datazione del sesso opposto.

Manipolazione delle relazioni

La manipolazione include abbassare l'autostima di un partner: il partner con scarsa autostima non riesce a vedere che hanno anche altre scelte.

Isolare il partner: convincere o spingere il partner a rinunciare ai propri amici e tagliare i legami con le loro famiglie.

Aumentare la dipendenza del partner: convincere il partner a rinunciare al proprio lavoro, mettere in comune o dividere le risorse o renderlo emotivamente dipendente.

Acquisire potere nella relazione: le buone relazioni sono pesanti per loro, ma i manipolatori preferiscono il potere alla collaborazione. Molte tecniche delle relazioni si basano sulla manipolazione emotiva, tra cui:

- Gaslightning
- Sminuire i risultati del partner
- Ignorando i risultati del partner

- Trattenere lodi o ammirazione
- Ridurre al minimo il proprio cattivo comportamento
- Invalidare i sentimenti del partner

Manipolazione aziendale

La manipolazione aziendale può essere compresa a diversi livelli:

- Rapporti con le autorità di regolamentazione: gli imprenditori parlano dei loro problemi e del contributo sociale per ottenere sostegno o protezione indebiti. L'obiettivo è nazionalizzare i costi privatizzando i profitti. Inquadrare l'obiettivo dell'azienda come prosociale. Far sentire i dipendenti apprezzati come in una famiglia. I proprietari nascondono il loro disprezzo per i dipendenti mentre mostrano ammirazione pubblica.
- Manipolazione delle pubbliche relazioni: l'azienda esiste per aggiungere valore all'umanità e mai per fare soldi per i proprietari, qualunque cosa accada.

- Manipolazione della negoziazione: gli affari riguardano la negoziazione e c'è un grande potenziale di manipolazione.

- Manipolazione del marketing: ad alto livello sta sviluppando un'associazione emotiva verso un determinato marchio, logo o prodotto. Il pensiero critico è sempre un ottimo antidoto alla manipolazione del marketing.

Manipolazioni della leadership

I leader possono fare grandi cose sia per gli individui che per i gruppi.

Ma anche gli interessi dei leader, dei gruppi e degli individui possono divergere, il che rende il rapporto leader-seguace maturo per la manipolazione.

Eccone alcuni:

1. I proprietari manipolano il dipendente per dare di più e prendere di meno.

I proprietari danno la priorità al profitto sull'individuo e manipolano questi ultimi per indurli a rinunciare ai propri interessi per gli obiettivi dell'azienda.

Esiste un conflitto d'interessi intrinseco tra dirigenti aziendali e dipendenti.

I proprietari guadagnano quando gli individui sono altruisti, mentre gli individui guadagnano quando mantengono la loro indipendenza insieme a un sano interesse personale.

Ecco perché quasi tutte le aziende sottolineano il valore del lavoro di squadra.
Il mantra del lavoro di squadra è un tentativo di manipolare le persone per farle rinunciare ai propri interessi personali.

L'obiettivo segreto della maggior parte dei leader aziendali è rendere i dipendenti usa e getta.

I dipendenti unici ottengono potere negoziale e ai proprietari non piace.

Quindi i proprietari cercano di rendere i dipendenti usa e getta mentre li manipolano per farli sentire speciali e come parte di una famiglia. Quando i dipendenti si sentono parte di una grande famiglia, i proprietari possono ottenere di più da loro, con meno soldi.

2. I leader manipolano i seguaci per rinunciare a se stessi

I leader del gruppo cercano di manipolare gli individui per indurli a rinunciare alla propria identità per fondersi con quella di gruppo.

Avere un gruppo di seguaci altruisti che si identificano con le loro squadre è il sogno di un leader.

Gli individui altruisti che s'identificano con la squadra moriranno prontamente per quella squadra e per il leader. E questo dà potere al leader, mentre toglie potere agli individui.

Quindi, gran parte della manipolazione dei leader cerca di spingere le persone ad investire sempre di più nel gruppo, anche con investimenti emotivi e basati sull'identità.

3. I leader s'impegnano naturalmente in finte pro-gruppo

I leader si impegnano molto nelle finte pro-gruppo di cui abbiamo discusso prima.
Perché?
Semplice: come leader di quei gruppi, guadagnano di più se tutti rinunciano al potere personale per potenziare il gruppo.
I leader a volte non devono nemmeno fingere di essere a favore del gruppo. È facile e gratuito per i leader rinunciare a se stessi per il gruppo quando lo controllano.
Ma potrebbe non essere lo stesso per l'individuo.

4. I puristi cercano la leadership attraverso il fanatismo

Innanzitutto, diamo una definizione del manipolatore purista.

Il manipolatore purista sceglie un nemico e si mette in atto di essere arrabbiato, scioccato o indignato per avere un aspetto migliore al confronto e per ottenere potere personale guidando le masse di diseredati

I manipolatori puristi lanciano attacchi di vergogna e cercano di guidare folle di persone a spettacoli figurativi di rogo.

Ecco alcuni esempi di manipolatore purista:

- Purista politico: i ricchi fanno schifo, sono diventati ricchi tradendo e mentendo. Morte ai ricchi. I puristi politici tendono a guidare le masse di persone infelici che hanno bisogno di una scusa per i loro fallimenti. Esistono diversi livelli del manipolatore purista, a seconda del loro livello di pericolo: livello di Guerriero della giustizia sociale: fastidioso, ma soprattutto un innocuo idiota; livello Firestarter digitale: è il ragazzo che scrive post arrabbiati su Facebook, sempre in termini assoluti; linciaggio a livello di folla: è qui che inizia il fanatismo, ma non arriva mai a vere cariche di potere. Savonarola è stato un esempio; fanatico social-rivoluzionario: i politici che cercano il potere inventando nemici e fingendo di essere gli uscieri di un mondo nuovo e migliore.

- Puristi al potere: Fanatici che hanno raggiunto il potere e continuano a fingere di essere ancora rivoluzionari per sempre.

L'auto-manipolazione, o manipolazione interna, deve essere affrontata perché supporta la manipolazione esterna e rende più probabile che saremo e rimarremo vittime.

Jordan Peterson scrive: "negando il peggio di te stesso, precludi la possibilità per il meglio";

Peterson sta parlando di aggressività qui. Ma è lo stesso per la manipolazione.

L'incapacità di manipolare non ti rende virtuoso. Ti rende solo ignorante della natura umana. Il potere si muove: è la capacità di manipolarlo e di evitare volontariamente di usarlo per obiettivi dannosi che ti rendono morale.

Manipolazioni socio-culturali

A livello sociale, ogni individuo e / o gruppo sociale cerca di influenzare l'opinione pubblica affinché adotti quadri o norme morali a vantaggio di se stesso o del proprio gruppo.

Tra le manipolazioni culturali:

- Promuovere la convinzione che il successo dipenda solo dalla scelta e dal duro lavoro: i ricchi vogliono che la società creda che il successo e la ricchezza siano legati al duro lavoro e alla dedizione, il che li aiuta a inquadrare le politiche socialiste di ridistribuzione della ricchezza come furto alle persone produttive.

- Promuovere la convinzione di "poveri ma felici": Fiske ha scoperto che quando chi è al potere può inquadrare la sottoclasse come alta in valore, ma con scarsa competenza, può aiutare a stabilizzare lo status quo.

- Cultura degli onori: gli uomini cercano di instillare una cultura che reprime le libertà sessuali delle donne per difendersi da eventi di non paternità.

- Inquadramento politico: ogni partito cerca di inquadrare il discorso pubblico in modo da avvantaggiarlo. Ad esempio, quando espressioni come "sgravio fiscale" o "pro-vita" sono adottate da tutti, è molto più probabile che i conservatori vincano i dibattiti e influenzino le scelte politiche. In diversi momenti, questo o quel gruppo riesce a guadagnare un vantaggio rispetto a un altro. Ma poiché ci sono così tanti interessi in competizione, raramente un gruppo può dominare completamente tutti gli altri.

1. Manipolazioni standard: cosa facciamo tutti

Le manipolazioni standard sono controlli quotidiani in cui tutti ci impegniamo.
È un dato di fatto; alcune manipolazioni quotidiane sono un segno che siamo esseri umani ben adattati.

Per esempio:

- Trucco per sembrare più giovani per le donne
- Abiti su misura per gli uomini per apparire al meglio
- Esprimere i nostri punti di forza per impressionare qualcuno con potere (pensa ai colloqui di lavoro)

Alcune manipolazioni quotidiane sono anche un segno che siamo individui efficaci:

- Nascondere emozioni inappropriate
- Comportarsi in modo efficace, ma che non riflette come ci sentiamo veramente

Tuttavia, esagerare con le manipolazioni standard può farti sembrare sottomesso o nervoso.
Pensa ad esempio:

- Sorridere quando non abbiamo voglia
- Essere amichevoli quando in realtà siamo delusi
- Ripetendo che "stiamo bene" quando siamo effettivamente arrabbiati

Questi tipi di manipolazioni eccessivamente sociali comunicano che ti manca la fiducia, che non ti rispetti abbastanza e che ti manca potere e assertività.

2. Manipolazione familiare

Basta riflettere sulle dinamiche familiari per rendersi conto che sì, siamo davvero tutti progettati per impegnarci in manipolazioni.

3. Manipolazione dei media

- Falsa neutralità: fingere di riportare i fatti promuovendo invece un'agenda specifica di sensazionalismo: "nuovo record", "mai visto prima", "prima donna in assoluto"
- Fear-fongering: la paura vende e attrae gli spettatori. I media sovrastimano i rischi, minimizzando le tendenze positive a lungo termine.

4. Manipolazioni machiavelliche

Le manipolazioni machiavelliche sono schemi di manipolazione di livello successivo, raffinati.
I manipolatori intelligenti giostrano i loro rapporti per massimizzare il loro output, ma poi

massimizzare l'interesse egoistico solo manovrando per le proprie promozioni.

Strategie manipolative

Oggi, la psicologia evolutiva accetta ampiamente che l'interesse personale può spesso essere raggiunto al meglio attraverso la cooperazione.

Quindi, dal punto di vista della strategia di vita, non è il giocatore egoista che riesce.
Sono i collaboratori che possono espandere l'ambito della collaborazione a massimizzare maggiormente i loro risultati ("collaboratore illuminato").
Ed è per questo che qui diciamo che i frame cooperativi sono una delle strategie fondamentali per il potere personale.

Tuttavia, fermarsi lì sarebbe solo a metà strada verso la verità.
La verità è che l'egoismo e la manipolazione possono anche ripagare all'interno di un quadro collaborativo.

Gran parte della manipolazione si basa su una dicotomia tra collaborazione e interesse personale: una collaborazione onesta può creare vantaggi per tutti, ma fingere di collaborare può creare vantaggi ancora più proficui.

Ecco perché, se la collaborazione emerge naturalmente attraverso la selezione naturale, così fa la manipolazione.
In breve: collaborazione e manipolazione sono due facce della stessa medaglia.

Tuttavia, i manipolatori che lasciano che il loro lato egoista vada troppo oltre corrono grandi rischi, tra cui la perdita di collaboratori di alta qualità: molte persone di alta qualità hanno poca pazienza per i manipolatori più palesemente interessati (molte di queste persone costruiscono il loro successo con una collaborazione onesta, dopotutto)

In breve: la manipolazione palese non è una strategia intelligente.
Ti separa da molte persone di alta qualità e da molte opportunità di collaborazione e vantaggi per tutti.

Strategia del manipolatore opportunistico

Detto questo, non bisogna essere sempre onesti o sempre imbroglioni.

In effetti, da un punto di vista puramente machiavellico ed egoistico, la strategia migliore è quella di inquadrarsi come un donatore e un collaboratore onesto, disertando e manipolando ogni volta che si può farla franca.

Chiamiamo questa strategia "manipolazione opportunista".

Come al solito, non sono felice di dirlo e non perdono né sostengo questa posizione, ma devo dire la verità prima di tutto.

Tieni anche presente che, in alcuni casi, il machiavellismo può essere una strategia equa. Ed è anche utile per l'autodifesa.

Sviluppare il tuo machiavellismo è qualcosa su cui ogni individuo che aggiunge valore dovrebbe lavorare.

E un approccio machiavellico può essere equo anche in ambienti naturalmente competitivi, come sul posto di lavoro.

Un caso contro la manipolazione opportunistica

Fortunatamente, ci sono alcune buone ragioni contro una strategia basata sulla costante manipolazione opportunistica.

Lo svantaggio principale è che si tratta di una strategia a rischio molto più elevato di quanto sembri.

Come regola generale, più è stretta la relazione, più si ha a che fare con le stesse persone nel tempo e più lungo è l'orizzonte temporale, maggiore è il rischio che la strategia opportunistica del manipolatore diventi efficace.

Se ci pensi, è immediato.
Come regola generale, più manipolazioni fai, più aumenta il rischio che alcune di esse funzionino.

Quindi, come regola generale, più lunga o stretta è la relazione che cerchi, più conviene ridurre al minimo la manipolazione e comportarsi come un collaboratore onesto.

Profilazione del manipolatore: chi manipola?

Machiavellici: credono nell'affermazione di Machiavelli che un fine desiderato giustifica praticamente qualsiasi mezzo. Nell'esperimento della teoria dei giochi sono opportunisti, capitalizzando l'ambiguità riguardo alle regole; affascinanti; fiduciosi; disinvolti; calcolatori; cinici riguardo alla natura umana (il cattivo tipo di cinico, ovviamente); astuti nelle loro strategie sociali

Individui con una mentalità di scarsità: Susan Foward afferma che la manipolazione spesso nasce dalla convinzione che la disponibilità di attenzione e affetto a loro disposizione sia limitata e si restringa rapidamente.

Insicuri (ma spinti ad avere successo): non pensano di avere una buona possibilità senza barare, quindi manipolano.

Insicuri nelle relazioni: temono l'abbandono e farebbero di tutto per mantenerlo.

Narcisisti: si aspettano un trattamento speciale senza assumersi a sua volta responsabilità reciproche.

Soggetti con disturbo borderline: utilizzano un trattamento silenzioso, rabbia e minacce, comprese rottura.

Soggetti con disturbo dipendente: manipolano indirettamente gli altri per assumersi le responsabilità per loro. Gli uomini tendono a usare le richieste, mentre le donne tendono a usare la sottomissione e la finta inettitudine.

Soggetti con disturbo istrionico: le regine e i re del dramma, manipolano per ottenere più attenzione. Possono essere sia manipolati che manipolatori e spesso ricorrono alla sessualità e alla seduzione per controllare.

Soggetti con personalità passivo - aggressive: resistenza passiva come procrastinazione, inefficienza intenzionale e trascinamento dei piedi. Non diranno mai "no" ai loro capi, ma si lamenteranno sempre alle spalle del capo.

Soggetti con personalità arrabbiata di tipo A: altamente competitivi e ossessionati dalle misure quantitative del successo. Spesso sono molto interessati a mantenere il controllo sul loro ambiente. Tendono a manipolare con tattiche più aggressive e talvolta evocano "strategie di evitamento" in altri.

Soggetti con personalità che creano dipendenza: mentono, negano e seminano il caos nella vita delle persone. Potrebbero diventare estremamente bisognosi.

Sociopatici / Psicopatici: hanno poca o nessuna empatia. O, meglio, la poca empatia li aiuta solo a capire meglio gli altri come un modo per manipolarli meglio.

Manipolatori vittime: sono stati vittime di manipolazioni e giurano di non esserlo mai più.

Mentalità dei manipolatori

I manipolatori più incalliti e consapevoli hanno spesso questa mentalità:

- Non esiste un vantaggio per tutti: in un mondo a somma zero pieno di persone cattive, non possono esserci vantaggi per tutti

- Non esistono relazioni tra pari: o si vince o si perde. Quindi vogliono assicurarsi che il loro partner perda

- Non puoi fidarti degli altri: dal momento che tutti vogliono giocare con te, i manipolatori ovviamente non possono fidarsi degli altri. Inoltre non si considerano affidabili

Ciò rende difficili o addirittura impossibili relazioni sane e con un "valore aggiunto" con i manipolatori.

Poiché il manipolatore non può sapere come qualcuno possa dare o cooperare, si avvicina a tutte le situazioni che richiedono di scegliere tra fiducia / cooperazione e sfiducia / competizione.

La mentalità di perenne sfiducia del manipolatore crea il suo mondo di perdenti.

Ecco come viene testato sperimentalmente.

Prendi questa variazione del dilemma del prigioniero:

Win-win: quando entrambi collaborano, entrambi ricevono $ 10

Vincita-perdente: quando uno collabora e gli altri difetti, il disertore ottiene $ 20 e l'altro non ottiene nulla (barare)

Perdi-perdi: quando entrambi falliscono, entrambi ricevono 0

Il baro "vince alla grande" la prima volta.

Ma non appena il gioco verrà ripetuto, molto probabilmente il collaboratore adatterà anche la sua strategia per disertare.

E il gioco si trasforma rapidamente in una sconfitta per entrambi. Se esegui questo gioco per 3-4 volte, la strategia del disertore è perdente.

In qualsiasi gioco a lungo termine, la collaborazione massimizza i guadagni, ma l'imbroglione perde i guadagni a causa della sua mentalità.

Il manipolatore utilizza invece la realtà del suo stesso fare per giustificare la propria strategia e approccio alla vita.

Come nota Braiker, la mentalità del manipolatore avvelena tutte le sue relazioni interpersonali.

Puoi riformare un manipolatore?

Raramente è possibile.

Se il manipolatore non era a conoscenza della sua manipolazione, mostrargli quello che stava facendo, oltre agli effetti distruttivi che sta avendo, può servire come uno shock sufficiente per cambiare il suo comportamento (qui chiamiamo questo approccio "vergogna collaborativa").

Ma nel caso in cui il manipolatore fosse consapevole del suo comportamento, le possibilità di cambiare diminuiscono precipitosamente.
I manipolatori coscienti tendono ad essere autocoscienti e "congruenti all'ego". Ad esempio, la loro manipolazione si adatta a ciò che pensano consapevolmente di se stessi.

Vittime dei manipolatori

Chi viene manipolato?

- Persone ingenue (cieche al male): le persone buone tendono a pensare che ci sia meno male e manipolazione di quanto non ci sia effettivamente.

- Tendenzialmente sincere (cieche alle bugie): le persone che non mentono sono più facilmente vittime della "verità per interpretazione predefinita". Ad esempio, poiché tendono a mentire poco, pensano anche che gli altri siano cosi.

- Persone troppo coscienziose: la vittima si concentra troppo sulla propria parte della colpa e troppo poco sul contributo del manipolatore.

- Persone non assertive: la vittima non è in grado o non è disposta a dare un "no" deciso e a far rispettare i propri limiti.

- Persone con scarsa autostima: le vittime hanno maggiori probabilità di credere alla versione degli eventi del manipolatore.

- Persone iperintellettualizzanti: la vittima giustifica la manipolazione a causa di presunti problemi di fondo. Alcuni psicologi hanno contribuito a questo problema inventando scuse per la manipolazione.

- Persone (emotivamente) dipendenti: la vittima è molto sottomessa, emotivamente e / o finanziariamente dipendente.

- Cercatori di approvazione: il manipolatore assume il ruolo di giudice e la vittima lo accetta, chiedendo l'approvazione del manipolatore.

- Persone emotofobiche: la vittima teme di provare o esprimere emozioni più forti come rabbia, delusione e disapprovazione.

- Impotenti: caratterizzati da a tre diversi livelli di impotenza: mancanza di consapevolezza delle dinamiche di potere; mancanza di forza mentale, inclusa l'assertività; mancanza di opzioni, che rende le persone più dipendenti dai manipolatori.

MANIPOLAZIONE VS PERSUASIONE

Qual è la differenza tra persuasione e manipolazione?

Questo argomento viene spesso presentato con la cinica razionalizzazione secondo cui "tutti manipolano" e coloro che non lo fanno mentono.

Bene, non è sbagliato al 100%.

Ma non è nemmeno del tutto corretto.

Probabilmente potremmo tracciare i manipolatori all'interno della popolazione come una curva a campana.

Per quanto siano poche le persone che mentono e manipolano continuamente, ci sono anche pochissime persone che sono sempre oneste.

Tuttavia, ciò non significa che persuasione e manipolazione siano la stessa cosa.

La differenza è che la manipolazione ha un costo per l'obiettivo, mentre la persuasione no.

Consideriamo due esempi:

- Il venditore persuade il potenziale cliente ad acquistare un'auto sportiva fantastica, ma l'acquirente non ne aveva strettamente bisogno.
- L'uomo persuade la donna che voleva una relazione a dormire con lui, ma non entrano in una relazione.

Queste sono in genere aree grigie.
Ma non sono dannose.

A causa della razionalizzazione alla rovescia, il potenziale cliente dell'auto è probabilmente felice in entrambi i casi.
Lo stesso per la donna.
Se l'uomo è riuscito a renderla una buona esperienza, molto spesso la donna sarà contenta che siano diventati amanti.

Quindi, a mio parere, la maggior parte delle aree grigie di persuasione sono un gioco leale e, in assenza di evidenti danni al bersaglio, è giusto tentare di influenzare gli altri dal proprio punto di vista.

Tuttavia, quella zona grigia non è infinitamente elastica ed è falso fingere che non ci sia alcuna differenza tra persuasione e manipolazione.

Esempi di manipolazione dannosa:

- Il venditore manipola il potenziale cliente per acquistare un'auto sportiva usata, nascondendo importanti problemi di sicurezza
- Un uomo che non ha mai voluto una relazione seduce una donna vergine e strettamente religiosa che voleva una relazione seria con lui suggerendo un futuro insieme.

La manipolazione è naturale per ogni creatura vivente.

Ma alcune persone sono più brave, mentre altre lo usano per obiettivi più dannosi di altri.

Per un vero sviluppo personale e per diventare un essere umano più illuminato, devi prima riconoscere la tua tendenza alla manipolazione.

CAPITOLO 2:
IL LATO OSCURO DELLA PSICOLOGIA: MANIPOLAZIONE, CONTROLLO MENTALE E PRIMING

La maggior parte delle cose che leggiamo ci parlano dei modi in cui la psicologia può avvantaggiarci. Sulla consapevolezza e sulla comprensione delle basi psico - evolutive del comportamento umano in modo che possiamo scegliere le nostre azioni. Ma è bene sottolineare come gli uomini spesso non abbiano il controllo delle loro azioni, anche se spesso pensano di averlo. Ad esempio, la maggior parte di noi crede di avere un sé stabile che è coerente nel tempo e siamo abbastanza sicuri di poter prevedere come agiremo in futuro.

Ma possiamo davvero essere così sicuri di come ci comporteremo, diciamo, sotto estrema pressione? Molti di noi vorrebbero credere che, in una crisi, saremmo in grado di mantenere la calma, guidare gli altri, comportarci in modo eroico o, cosa più importante, mantenere le nostre convinzioni (ad esempio, nella nonviolenza).

Il fatto è che pochissimi di noi possono prevedere come agiremo sotto estrema pressione. Ciò è in gran parte dovuto ai precetti: quando siamo sotto pressione la maggior parte di noi sperimenta una reazione di fuga o di combattimento che si è evoluta per aiutarci a sopravvivere in incontri potenzialmente pericolosi e, tra le altre cose, non ci fa essere logici. Quindi, in altre parole, quando sperimentiamo alti livelli di stress o siamo in pericolo reale o immaginario, non pensiamo chiaramente o agiamo nei modi previsti.

Alcuni di voi potrebbero aver fatto psicologia al primo anno all'università. Se l'hai fatto, ricorderai due classici esperimenti di psicologia degli anni '60 e '70. La prima è stata una ricerca altamente controversa di Stanley Milgram, che esaminava l'obbedienza. In questo studio, ai volontari è stato detto che avrebbero partecipato a uno studio di apprendimento. Erano seduti a un pannello con un microfono, un altoparlante e un quadrante. Ai partecipanti è stato detto che lo "studente" (in realtà un attore) si trovava in un'altra stanza e che sarebbe stato loro richiesto di porre domande pre-impostate su di lui o lei usando il microfono (ascoltando la risposta dall'altoparlante). Se il "discente" dava la risposta sbagliata, il volontario doveva somministrare una scarica elettrica impostando la tensione sul quadrante. Il quadrante è stato etichettato in base ai livelli, da lieve fino a estremamente doloroso e fatale. Ai volontari veniva suggerito dallo sperimentatore (che indossava un camice da laboratorio bianco), di continuare a dare scosse a intensità crescente allo "studente", anche se potevano sentire urla di dolore e che stava soffrendo (ovviamente erano le urla simulate). Se il volontario si rifiutava di continuare, gli veniva detto di continuare con il seguente script:

- Per favore continua
- L'esperimento richiede che tu continui
- È assolutamente essenziale che tu continui
- Non hai altra scelta, devi andare avanti

Ecco la parte spaventosa: nonostante lo stress estremo, il 65% dei volontari ha somministrato lo shock "fatale" e anche coloro che hanno insistito di finire l'esperimento non chiesero di controllare la salute dello "studente". La maggior parte di loro affermò che non si sarebbero mai comportati in questo modo, ma non sono stati in grado di resistere alla "figura autoritaria".

Milgram ha usato le sue scoperte per tentare di spiegare l'obbedienza dei soldati nazisti durante la seconda guerra mondiale.

Un secondo studio inquietante, noto come esperimento della prigione di Stanford e condotto da Philip Zimbardo, ha rafforzato l'idea che le persone siano facilmente manipolate per comportarsi in modo spaventoso. In questo studio, un gruppo di studenti si è offerto volontario per una simulazione carceraria. Uno scantinato dell'università fu modificato per assomigliare a una prigione, con il maggior realismo possibile, e i partecipanti furono assegnati in modo casuale al ruolo di prigioniero o guardia. Inizialmente progettato per durare due settimane, l'esperimento è stato interrotto dopo soli sei giorni a causa del comportamento inquietante delle "guardie carcerarie", che avevano iniziato (senza essere sollecitate) a comportarsi in modo sadico nei confronti dei prigionieri. Come lo studio Milgram, i partecipanti credevano che avrebbero agito "moralmente", ma si sono ritrovati ad agire in modi altamente imprevedibili e spiacevoli, in un brevissimo periodo di tempo.

E così è nata la psicologia sociale. La cosa più spaventosa di questa ricerca non è solo la dimostrata facilità e rapidità del cambiamento, ma la razionalizzazione che ne consegue. La maggior parte delle persone razionalizzerà comodamente il proprio comportamento post hoc, convincendosi di aver effettivamente scelto l'azione (e rifiutandosi di riconoscere o addirittura credere di essere stata manipolata).

I nostri limiti percettivi fanno scoprire che molto di ciò che accade non è coscientemente disponibile per noi, specialmente quando la nostra attenzione è diretta altrove. Due studi classici dimostrano questo fenomeno in modo abbastanza netto.

E diventa ancora più spaventoso. Non sono solo la manipolazione grossolana, la disattenzione e la razionalizzazione post-hoc che possono modificare il nostro comportamento. Si scopre che possiamo usare un fenomeno chiamato **priming**, per cambiare il comportamento delle persone senza alcuna consapevolezza cosciente da parte loro. Per esempio, leggi la seguente frase: **"la casa era vecchia, scricchiolava e gemeva e sembrava lottare sulle fondamenta"**. È probabile che, se ti fossi alzato in piedi dopo averlo letto, avresti fatto molto più lentamente. Eri pronto per lo stato della "casa".

Potrebbe non essere uno shock apprendere che molti di questi principi sono stati applicati più e più volte nel corso della storia. Questa non è certo una teoria della cospirazione, rappresenta semplicemente il desiderio umano di dominare e manipolare gli altri per raggiungere i nostri scopi. Ogni volta che vedi un annuncio televisivo particolarmente "efficace" (uno che in realtà ti fa venir voglia di acquistare il prodotto), puoi essere certo di essere stato manipolato usando questi principi. Allo stesso modo, quando le persone agiscono in modo violento in base alle loro convinzioni, ci sono buone probabilità che siano state manipolate usando una combinazione di condizionamento sociale e infezione memetica.

In futuro potrebbe diventare sostanzialmente più spaventoso. Esistono già tecnologie che possono essere utilizzate per inferire il tuo stato mentale attraverso una scansione del cervello e persino per vedere letteralmente (su uno schermo) il contenuto dei tuoi pensieri (questa è una tecnologia nascente, ma migliorerà). Abbiamo anche modi per impiantare comportamenti o indurre stati mentali anormali, usando la stimolazione magnetica transcranica (TMS) o (più spaventosamente) gli ultrasuoni. È del tutto possibile che queste tecnologie diventeranno più efficaci, selettive e diffuse nel prossimo futuro.

Quindi possiamo definirci schiavi del sistema, giusto? Ebbene... sì e no. Sì, in quanto nessuno di noi è in grado di prevedere come agiremo in situazioni difficili a meno che non abbiamo la possibilità di metterci alla prova (e la maggior parte di noi non vorrebbe provare quel tipo di stress). Sì, in quanto molte delle cose che ci manipolano avvengono a un livello molto lontano dall'attenzione cosciente, e siamo davvero bravi a fingere che le nostre azioni, anche quelle fortemente "fuori carattere", siano il risultato delle nostre scelte. Ma no, se impari a prestare attenzione ai tuoi comportamenti. Un'attenzione disciplinata e consapevole delle tue azioni ti consente di testare chi ha il controllo. Se ti accorgi di agire (o ti senti tentato di agire) in un modo che potrebbe non essere il "tuo standard", cerca di capire cosa sta succedendo. Vuoi davvero agire in questo modo o ti senti come dovresti?

12 TECNICHE DI MANIPOLAZIONE PSICOLOGICA CHE I TUOI COLLEGHI UTILIZZANO PER VITTIMIZZARTI

Tecniche di manipolazione psicologica

In un mondo perfetto, tutto andrebbe sempre secondo i tuoi desideri, sia nella vita privata che nel lavoro.

Potrebbero esserci solo alcuni tra i tuoi allegri amici che ti loderanno, apparentemente ti sosterranno e addirittura rideranno delle tue battute, il tutto mentre ti scavano di nascosto una bella buca in cui entrare.

Ciò che rende questi "cattivi" così pericolosi è la loro capacità di manipolare qualsiasi situazione per farti sembrare negativo e far brillare loro stessi come una mannaia appena affilata. Questi manipolatori non hanno nulla da perdere e possono fare di tutto per controllare i tuoi sentimenti. Esci con loro abbastanza a lungo e ti sentirai inerme.

Allora chi sono questi manipolatori psicologici? È questo un tratto caratteristico di narcisisti, sociopatici o psicopatici? Siamo obbligati a cadere vittime del fascino di tali individui o ci saranno modi in cui possiamo identificare determinati tratti in essi? Cerchiamo quindi di capire le tecniche comuni impiegate dai manipolatori per rendere ogni situazione della tua vita favorevole alla sua.

Ecco un elenco dei diversi tipi di tattiche di manipolazione psicologica che il tuo capo e i tuoi colleghi potrebbero utilizzare su di te.

1. Costruire la tua fiducia

"Sei il ragazzo più intelligente che abbia mai visto ..."

(Ti trasformerò nel mio barboncino preferito!)

Un manipolatore narcisista ha bisogno di nutrirsi dell'attenzione di tutti intorno. Quindi, quando incontri qualcuno per la prima volta e ti ritrovi subito ad affascinare il tuo nuovo amico, fai attenzione! Queste persone spesso iniziano dandoti tutti i complimenti possibili per agganciarti a loro.

Anche se è lusinghiero essere così sensazionale, è sempre meglio rimanere con i piedi per terra. Alcune parole allettanti potrebbero essere la trappola perfetta che un manipolatore può usare, per farti avere quel rapporto enorme su cui ha procrastinato. E non pensare che ne avrai il merito. Sarà tutto dolore e nessun guadagno!

2. Scuotere la tua realtà

"Sono sicuro che lo stai solo immaginando ..."

Quante volte hai notato qualcosa di negativo che un amico / collega / parente, aveva fatto e glielo hai fatto notare solo per ridicolizzarlo? Un classico narcisista / manipolatore / psicopatico si affida al cambiamento della tua realtà facendoti pensare che non solo ciò che hai detto non è mai accaduto, ma che lo stai perdendo.

Sperimenta questo abbastanza a lungo e inizierai lentamente a dubitare di tutto come se fosse tutta opera della tua immaginazione.

3. Difetti di proiezione

"Ti sei mai chiesto perché mi comporto male? ..."

Tecnicamente è chiamata proiezione: un manipolatore narcisista si assicura che i suoi difetti non siano altro che i tuoi proiettati su di lui. In un certo senso la tattica è particolarmente utile quando un narcisista ha bisogno di spiegare la sua cattiva azione scaricando la responsabilità sulle tue spalle credulone.

A differenza dell'abuso fisico, del trasferimento di colpa o della proiezione, la vittima viene paralizzata dalla contrizione morale ed emotiva. Tali personaggi, al lavoro, possono nascondere le proprie inefficienze o improduttività e trovare un modo per dare la colpa a te. Se mi avessi dato un progetto migliore da gestire, avrei fatto un lavoro migliore. Chiaramente non sei un buon manager.

4. Divagazione irrilevante per vincere discussioni

Una strategia molto nota per i narcisisti manipolatori è quella di guidare una discussione o una conversazione in una dimensione completamente diversa, principalmente sondando verso qualcosa di giusto o sensibile. L'idea è di confonderti o frustrarti adottando una qualche forma di opinione eccezionale, del tutto impertinente alla discussione precedente. Questo viene da un posto molto insicuro nella loro mente. Il solo pensiero di un disaccordo si traduce come una minaccia alla loro auto-grandezza.

Tradizionalmente tali tattiche manipolative sono state spesso usate dai politici per irritare le masse contro ogni forma di opposizione razionale.

5. Sminuire la tua voce

"La tua opinione non ha importanza. Sei troppo emotivo ..."

In uno squallido tentativo di rimproverare la tua opinione, è più probabile che un narcisista ti etichetti come qualcosa di brutto per evitare di pensare troppo e di litigare. Con la popolarità dei social media, ora vediamo bulli online che escono dal nulla e fanno alte dichiarazioni generali contro i loro obiettivi. La maggior parte di queste affermazioni non ha basi razionali e non presenta prospettive alternative. Sono semplicemente usati per minimizzare e sminuire il punto del loro obiettivo. La tendenza è quella di stare lontano dalla logica e tenere tutto nascosto nella foschia.

6. Etichettatura estrema

"Non solo pensi che mi sbagli. Sei convinto che non ho mai ragione ..."

I narcisisti spesso fanno un'assurda dichiarazione estrema per mostrare a tutti quanto sei di parte. Motivo? Per evidenziare semplicemente la tua ingiustizia. Supponiamo che un collega stia scherzando sul modo in cui ti vesti. Glielo fai semplicemente notare. Se gli capita di essere un narcisista, si farà sicuramente conoscere con un contrattacco. Sei davvero così sensibile?

7. Non apprezzano mai

Niente di quello che fai, può essere soddisfacente per un manipolatore narcisista. Perché se lo fa allora non sarai più il loro sacco da boxe. E senza di te per nutrire il loro gigantesco ego gonfiato, dovranno affrontare il noioso processo di trovare un altro servitore. Ecco il tuo tipico pooper narcisistico!

8. Barzellette crudeli e sarcasmo offensivo

Alle persone tossiche piace abbattere le proprie vittime facendo battute crudeli o usando il sarcasmo quando non lo sospettano. Fatto principalmente in presenza di altri, l'idea è di apparire più intelligente facendoti sembrare uno stupido. Sebbene non sia necessariamente vero solo per le persone tossiche, questo diventa un tratto caratteristico nei narcisisti quando chi prende i colpi lo fa senza riguardo.

9. Svalutare i tuoi risultati

È un ottimo piano, ce l'hai, e tutti ne parlano. Ma sei sicuro che questo sia quello che vuoi mostrare al capo?

I narcisisti possono agire molto lentamente, prendendosi tutto il tempo che vogliono per costruire prima la tua fiducia in loro, facendoti credere che apprezzano tutto nella tua vita. Una volta ottenuto ciò, iniziano un processo di allontanamento lento da tutto ciò che ti è piaciuto in modo da avere il controllo completo su di te. Utilizzeranno false affermazioni di terze parti rendendo qualcun altro un complice nel loro piano machiavellico per distruggerti.

Al lavoro, potresti trovare colleghi / capi che, per un periodo di tempo, hanno smesso di apprezzare i tuoi talenti e il tuo contributo, facendoti così dubitare di tutto ciò in cui una volta eri bravo. I capi tossici possono tendere a farti credere che probabilmente sei migliore di alcuni lavoratori precedenti e lentamente ti trasmettono comportamenti offensivi.

10. Adescano e poi fanno la vittima

Le persone tossiche possono giocare a giochi mentali troppo contorti per un cervello normale. Provocheranno il loro bersaglio con colpi e commenti sensazionali e poi useranno le loro reazioni naturalmente antagoniste per dimostrare che i loro bersagli sono irrazionali. Amano adescare i loro bersagli in situazioni che dimostrano di essere vittime di abusi. In un luogo di lavoro in cui le impressioni contano, la tua aggressività visibile sarà vista negativamente. Nessuno vorrebbe davvero preoccuparsi degli eventi che hanno portato a un tale sfogo.

11. Supera i tuoi limiti

Se pensi che un manipolatore abbia superato i suoi tentativi per sminuirti, fai attenzione a un tentativo ancora peggiore. I manipolatori amano essere in grado di spingere i propri limiti per testare il punto di rottura finale.

12. Minacce segrete e palesi per esercitare il controllo

Come osi inviare la tua segnalazione direttamente al capo? Non ti avevo detto di far verificare tutto da me?

Questa è l'ultima risorsa per i manipolatori. Sono generalmente abbastanza intelligenti nel camuffare i loro modi. Tuttavia, se ti capita di essere quello che non è completamente turbato da tutto il resto, sentono che il loro controllo è minacciato. Passano quindi a reazioni più native come minacce e insulti.

Narcisisti, psicopatici, sociopatici, manipolatori ... beh, chiamiamoli un tipo collettivo di persone malvagie che sono presenti ovunque.

Imparare a riconoscerli è una strategia di difesa necessaria per sopravvivere a questo mondo.

Educa i tuoi amici e parenti, in modo che non cadano preda di nessuno di questi metodi di manipolazione psicologica.

4 MODI PER PROTEGGERSI DALLE PERSONE MANIPOLATRICI: NON LASCIARE CHE LA PAURA O IL NARCISISMO TI DISTRAGGA

Se prendi sul serio la leadership, allora una delle tue regole d'oro è agire con integrità e verità, cioè manipolare gli altri esclusivamente in modo da poter emergere senza arrecare danno. Ma solo perché giochi secondo le regole e sei trasparente non significa che gli altri ricambieranno.

Incontrerai persone che t'ingannano e, in generale, lo fanno perché hanno interiorizzato l'idea che il secondo posto non è abbastanza buono. Hanno così paura di essere visti come secondi o di essere messi in una posizione d'insicurezza finanziaria o di altra natura che cercheranno di affossarti. Meno comunemente, potresti incontrare un vero narcisista che crede onestamente di avere il diritto di vincere a tutti i costi. In entrambi i casi, il tuo successo dipende dalla fine delle loro tattiche subdole.

Ecco alcuni modi per proteggerti dalle persone che potrebbero tentare di manipolarti.

1. Circondati di persone competenti e di supporto

Se il manipolatore ti isola, diventi come una gazzella ferita nel Serengeti: è molto più difficile per te considerare opinioni e idee alternative, nonché ottenere informazioni generali che potrebbero trasformare il tuo processo decisionale. Senza nessun altro cui rivolgersi, è più probabile che tu veda il manipolatore come un amico esperto, anche quando non lo è.

2. Ricordati costantemente dei tuoi obiettivi e delle tue priorità

I manipolatori pensano solo per se stessi, quindi faranno tutto ciò che è in loro potere per cercare di cambiare il tuo sogno o screditarlo.

Chiarisci ogni giorno cosa stai cercando e lo scopo che ogni compito ha per te in modo che il manipolatore non possa convincerti a cambiare rotta. Questa concentrazione t'impedirà di essere investito emotivamente e negativamente se il manipolatore ti mettesse in difficoltà logistiche o relazionali.

3. Comunica il tuo intento

Collegato al punto precedente, i manipolatori potrebbero tentare di diffondere disinformazione su di te o sul tuo lavoro, oppure potrebbero non darti le informazioni di cui hai bisogno per andare avanti correttamente. Più dici agli altri verbalmente o per iscritto ciò che vuoi realizzare e in cui credi, più difficile è per il manipolatore convincere gli altri a lavorare intenzionalmente o meno contro di te.

Dipingi l'immagine di chi sei. A tal fine, più testimoni hai di ciò che dici, meglio è.

4. Chiamalo come lo vedi.

Uno dei motivi per cui i manipolatori si comportano così male, anche se hanno solo paura di fallire, è perché pensano onestamente di poterlo fare e non farsi prendere. Si aggrappano al loro ego e si convincono di essere troppo abili con i sistemi e le persone per scoprire i loro schemi, oppure si aggrappano alla sensazione che, poiché non hanno mai incontrato una conseguenza, in qualche modo possono continuare a sfuggirle. Scuoti questa delusione con un confronto inevitabile in cui dici loro ciò che hai osservato e come ti ha influenzato.

Per eseguire il confronto in modo efficace, è necessario prepararsi monitorando i reati del manipolatore, completi di azioni specifiche, date e nomi di tutte le persone coinvolte. Tuttavia, il confronto non deve essere una battaglia rude. Esponi semplicemente i fatti in modo premuroso e presenta le opzioni per andare avanti. Una volta che il manipolatore sa che conosci i suoi giochi, sarà meno probabile che continuerà a scherzare con te, soprattutto se descrivi in dettaglio i rapporti appropriati ai superiori o alle risorse umane.

Mentre cerchi di proteggerti, ricorda che i leader usano sempre la psicologia per manipolare i loro team per il bene: i vantaggi sono un esempio comune, così come fornire feedback in modi strategici o convincere sottilmente un dipendente stanco a tornare a casa. La differenza è che i buoni leader si preoccupano del fatto che la squadra vada avanti.

CAPITOLO 3:
COME PROTEGGERSI DA UNA PERSONA MANIPOLATRICE

C'è qualcuno nella tua vita che ti fa dubitare delle tue percezioni e della tua sanità mentale? Questa persona cerca spesso di spingerti in cose che ti mettono a disagio? Se è così, probabilmente hai a che fare con qualcuno che sta deliberatamente cercando di manipolarti.

Alcune forme di comportamento manipolativo sono:

Gaslightning. Come abbiamo già accennato, qualcuno spesso ti dice che hai immaginato o interpretato male situazioni e conversazioni che ricordi perfettamente. Forse lo fanno così spesso che inizi a dubitare delle tue percezioni.

Incolpare te o gli altri per gli errori che hanno fatto o per le cose che non vanno. La colpa può essere usata contemporaneamente, il manipolatore sosterrà che i suoi errori non sono accaduti, ma se lo hanno fatto, è stata colpa tua.

Attraversare costantemente i confini che gli altri rispettano.

Cercare di farti sentire in colpa quando ti difendi. Passeranno dall'attaccarti al fare le vittime.

Uso esperto del ricatto emotivo.

Raccontare bugie per fare a modo loro, spesso dicendone diverse per ogni persona.

Ottenere il controllo per il gusto di farlo.

Usare distrazioni e ripetizioni in conversazioni e discussioni. Cercare di risolvere le cose con un manipolatore è incredibilmente frustrante e inutilmente difficile.

Il comportamento manipolativo può essere lieve o grave. Il comportamento varierà a seconda dell'intento della persona che manipola, di quanto si preoccupi sinceramente di te e se dietro le loro azioni c'è un disturbo della personalità come il narcisismo.

Ove possibile, una persona manipolatrice dovrebbe avere un ampio spazio o essere eliminata gradualmente dalla tua vita. Quando ciò non è possibile, ci sono modi per proteggerti da questo tipo di comportamenti.

Se ritieni di essere stato abusato o danneggiato, allontanati dalla situazione, non cercare di gestirlo. Detto questo, nella vita reale, non tutto è in bianco e nero e se non puoi o non vuoi rimuovere completamente una persona manipolatrice dalla tua vita, queste tecniche saranno utili per comprendere e gestire la situazione.

Respingi

La ragione per cui niente sembra mai abbastanza buono per una persona manipolatrice è che non importa quanto tu lo respinga.

Se qualcosa ti mette a disagio, dì di no. Per quanto difficile possa essere il manipolatore, cedere a loro non sarà la fine del problema. Tutto ciò che farà è farli sentire come se avessero il diritto di chiederti qualcosa.

Le persone manipolatrici inizieranno a chiedere, a persuadere e gradualmente progrediranno fino a chiedere e punire. Devi dire loro "no" la prima volta.

Quando dici di no a una persona manipolatrice, potrebbe diventare fredda nei tuoi confronti, potrebbe ricorrere a ricatti emotivi o rivoltarsi contro di te. Se questa è un'amicizia o una storia d'amore in erba, dire di no potrebbe significare la fine di quella relazione.

Sii fermo, sii calmo, dichiara la tua posizione. Non lasciarti coinvolgere da dettagli e scuse. Le scuse non funzionano con le persone manipolatrici. Amano la possibilità di discutere e spingere il loro punto. Amano la possibilità di stimolarti emotivamente e reindirizzarti.

Una persona manipolatrice non sta cercando di aprire una discussione con te. Vogliono logorarti finché non fai quello che vogliono. Domani vorranno qualcos'altro.

Sappi che l'empatia può essere usata contro di te.

Una persona manipolatrice desidera potere e controllo e la ragione può essere che in una fase formativa della sua vita questi gli sono stati negati. La mancanza di potere nella propria vita potrebbe essere il risultato di una vita familiare irregolare, una relazione romantica violenta, traumi, abbandono.

Mentre il cattivo comportamento del manipolatore può indurre gli altri a evitarli o a non apprezzarli, le persone emotivamente intelligenti riconoscono che questo comportamento è motivato dal dolore. La cosa più triste della persona manipolatrice è che le persone che danneggiano e alla fine respingono, sono quelle che hanno più probabilità di mostrare loro la lealtà e l'amore che desiderano così disperatamente.

Più sei empatico, più è probabile che tu venga coinvolto da una persona manipolatrice. È probabile che la tua simpatia per loro significhi anche che permetterai loro di farla franca con comportamenti che altri non tollererebbero.

Confini

I confini sono buon senso per la maggior parte delle persone. Una persona manipolatrice o pensa che la propria strada sia giusta o vuole te come preda, così tanto che nient'altro conta.

Per proteggerti dall'essere controllato e dominato da una persona manipolatrice devi precisare quali sono i tuoi confini. Devi quindi rafforzare i tuoi limiti con conseguenze.

Una persona manipolatrice non rispetta le altre persone, anche se le piacciono o le amano davvero. Per loro, stabilire un confine sano equivale al rifiuto. Stabilire un confine per una persona manipolatrice probabilmente otterrà una brutta reazione, essere preparati a questo è la chiave per gestire la situazione.

Per le migliori possibilità di successo, devi delineare i tuoi limiti quando sei calmo e puoi tenere sotto controllo le tue emozioni. Aspettati che la persona manipolatrice non riesca a mantenere il confine a un certo punto. Dopo questo è necessario applicare le conseguenze.

Non lasciare che siano i numeri uno

Se hai contatti frequenti con una persona manipolatrice, devi capire consapevolmente come limitare questo contatto. Stare intorno a loro sarà sempre tossico. Questo inevitabilmente ti logorerà e t'influenzerà gravemente nel tempo.

Oltre a limitare il contatto con la persona manipolatrice e dedicare tempo a te stesso, devi preservare le tue buone relazioni. Non solo ti sostengono nel trattare con persone difficili, ma ti danno anche una base per il confronto. Una persona manipolatrice farà fatica a convincerti che ha ragione o ha diritto a ciò che chiede quando tutti gli altri che conosci confermano di essere irragionevole.

Alzati

In compagnia il manipolatore ha le sue opzioni drasticamente ridotte. Le persone manipolatrici devono essere molto più attente quando ti parlano in pubblico piuttosto che in privato.

Se dicono qualcosa di spiacevole quando sei da solo con loro, ripetilo di fronte ad altre persone alla prossima occasione. Fai questo come se pensassi che non ci fosse niente di sbagliato in ciò che hanno detto, nel modo in cui hanno cercato di presentartelo.

" Ehi Dave, Angela mi stava dicendo l'altro giorno che avrei fatto meglio a sbrigarmi e sposarmi o avrò superato la data di scadenza."

In questo scenario riceverai una risposta arrabbiata e difensiva da Angela. Vorrà negare di aver detto qualcosa del genere o insistere che l'hai interpretata male. Non è arrabbiata perché non ti è piaciuta la sua osservazione, l'ha detto in origine perché sapeva che non ti sarebbe piaciuto. Ma ora hai coinvolto un'altra persona e la loro inevitabile disapprovazione non faceva parte del suo piano.

Angela saprà anche che sai esattamente cosa sta combinando. Questo dovrebbe farle desiderare di evitare di avere a che fare con te in futuro.

<u>La chiave è mantenere la calma</u>. Trucchi manipolatori come questo hanno lo scopo di creare una risposta emotiva in te. Quando il manipolatore si arrabbia e tu stai calmo, capovolgi la situazione.

Se hai a che fare con una persona manipolatrice sul posto di lavoro, devi essere consapevole non solo delle conversazioni personali, ma anche di e-mail e telefonate. Assicurati di tenere registri o dettagli e confermali di fronte ad altre persone. Conserva le e-mail quando necessario.

Il classico trucco di un manipolatore sul posto di lavoro è quello di provocarti in privato e quindi assicurarti che se ti vendichi, altre persone lo scoprono. Questo ti fa sembrare pazzo. Forza il manipolatore a essere "registrato" per indurlo a fare marcia indietro.

Intonazione ed espressioni facciali

L'intonazione è un aspetto estremamente potente del linguaggio. Da piccoli impariamo a interpretare il tono di voce molto più rapidamente delle frasi. Questo perché raccogliamo le emozioni dietro le parole prima di capire le parole stesse. Se qualcuno ti parlava in una lingua che non capivi, potresti comunque raccogliere molte informazioni tramite il tono di voce e l'espressione facciale.

Le persone manipolatrici attingono a questo aspetto fondamentale del linguaggio e della comunicazione. Diranno spesso un'osservazione positiva in tono sarcastico o negativo.

Stanno mettendo la loro intonazione e le espressioni facciali contro il significato delle loro parole. Il risultato desiderato è renderti confuso o turbato.

Questo è in realtà abbastanza facile da contrastare. Prendi tutto quello che dicono alla lettera. Se si congratulano con te, ringraziali e vai via. Se dicono che hai fatto un buon lavoro, ringraziali e vai via. Se fanno un'osservazione sarcastica, rispondi alle loro parole come se il sarcasmo non fosse presente.

Metodi di comunicazione non corrispondenti come questo è una tattica. Se non lasci che ti raggiunga e non rispondi come desideri, la tattica fallisce.

Il gioco della colpa

Alla maggior parte delle persone non importa ammettere le cose. Questo perché la nostra autostima non si basa sull'avere ragione il 100% delle volte.

Una persona manipolatrice non può prendersi la colpa. Se spinti a riconoscere la responsabilità o il comportamento scorretto, si porteranno in estrema colpa. Vogliono che ti senta in colpa per aver sollevato il loro errore. Possono anche esprimere un rammarico eccessivo.

Non posso fare niente, sono così stupido. Sei chiaramente molto meglio di me in tutto, semplicemente non dovrei provare più.

Questo uso della colpa è una reazione completamente insincera. Una reazione normale alla maggior parte delle cose che tutti sbagliamo di tanto in tanto è riconoscere, scusarsi se necessario e agire per rettificare. La risposta della persona manipolatrice non ha nulla di tutto ciò, vuole farti sentire male per averlo affrontato. Vogliono allenarti e condizionarti a non preoccuparti di parlarne la prossima volta che fanno qualcosa di sbagliato. Idealmente vorrebbero arrivare al punto in cui ti assumi automaticamente la colpa per le cose che hanno fatto perché vuoi risparmiarti il fastidio della loro reazione.

Sfortunatamente, convincere una persona manipolatrice ad accettare la responsabilità è così difficile da non valere il ritorno dei tuoi sforzi.

Quando una persona manipolatrice usa il senso di colpa perché ha fatto qualcosa di sbagliato, non c'è motivo di discutere. Iniettare sfida ed emozione nella situazione non farà che aumentarla.

Quando incontri qualcuno che non può prendersi la colpa per cose che ha legittimamente sbagliato, devi accettare che è molto improbabile che cambierà. Più precisamente non cambieranno mai, qualsiasi cosa tu faccia o dica. Quel cambiamento dovrebbe provenire da dentro di loro ed essere parte del loro viaggio di miglioramento nella vita.

Purtroppo non esiste alcuna tecnica con quest'aspetto del comportamento che sia efficace se non quella di ridurre al minimo il contatto e il livello di coinvolgimento. Puoi convincere una persona manipolatrice ad accettare la colpa, ma le enormi ricadute che ne derivano raramente valgono la pena.

Riconoscere che questo comportamento non è colpa tua e va oltre la tua capacità di risolverlo è l'unico approccio che funziona.

Preserva la tua autostima.

Una delle cose più spiacevoli che una persona manipolatrice può fare è sabotare e logorare l'autostima di un'altra persona. Lo fanno per ottenere il controllo con qualsiasi mezzo. Una persona con una bassa autostima che si sente inutile è molto più facile da influenzare e controllare rispetto a qualcuno fiducioso e felice.

Lavora e costruisci la tua autostima come priorità quotidiana, oltre a evitare le persone che cercano di danneggiarla. Conoscere la propria mente ed essere sicuri delle proprie azioni è un'abilità vitale che ti tornerà utile in molte situazioni.

IMPARA A DIFENDERTI DALL'ESSERE MANIPOLATO DURANTE GLI APPUNTAMENTI

Mentre la maggior parte degli uomini e delle donne ha buone intenzioni quando si parla di appuntamenti, alcune persone sono effettivamente manipolatori. Inacidiscono l'esperienza degli altri e possono rovinare gli appuntamenti per tutti. In questo capitolo, ti aiuterò a difenderti da tali manipolazioni.

Vorrei iniziare dicendo che credo che ci sono due valide ragioni per studiare la persuasione e l'influenza:

- Creare scambi reciprocamente vantaggiosi con gli altri (in cui entrambe le persone ottengono qualcosa di valore).

- Identificarsi e difendersi dall'essere manipolati (dove gli altri prendono, senza restituire).

Pertanto, anche se non hai voglia di essere più "influente", è comunque una buona idea sapere come difenderti dall'essere truffato. In questo contesto, definirò per te tattiche che chiamo "Giochi di Incontri Manipolativi" e ti spiegherò come difenderti da questi.

Gioco di appuntamenti manipolativi: false promesse

Ciò che distingue "manipolazione" da "influenza" è l'intenzione di prendere senza dare in cambio. Il gioco delle "false promesse" serve molto bene a questo scopo manipolativo. In questo gioco, il manipolatore ottiene qualcosa nell'immediato, promettendo qualcosa in un secondo momento. Naturalmente, il favore promesso non accade mai. La "vittima" si sente quindi tradita.

Ci sono molti esempi di "false promesse" negli appuntamenti. Alcuni sono lievi, altri meno. Sfortunatamente, anche gli impegni sessuali e matrimoniali a volte vengono dati con il pretesto di false promesse.

Difesa contro false promesse

Le false promesse sono particolarmente difficili da riconoscere per due ragioni. In primo luogo, è normale voler fidarsi del proprio partner. Nella maggior parte dei casi, questo non è solo accettabile, ma anche salutare. In secondo luogo, è difficile determinare la differenza tra una "promessa ben intenzionata" che cade e una manipolazione che il tuo partner non ha mai voluto onorare. Tuttavia, ci sono alcune strategie per individuare la differenza:

1) Se la promessa di uno scambio è davvero sincera, non importa chi la riceve per prima. Allo stesso modo, a loro non dispiacerà essere fedeli per un determinato periodo di tempo.

Pertanto, quando viene richiesta una promessa, chiedi in anticipo ciò che ti viene "promesso". Se le intenzioni del tuo partner sono buone, allora lui / lei starà bene nel darti la tua parte dello scambio.

2) Definire le conseguenze - Ci sono alcune situazioni promesse in cui non puoi ottenere ciò

che ti è stato promesso per primo (ad esempio, prestare denaro.) In questi casi, tuttavia, puoi impostare le conseguenze.

Puoi dire all'altra persona 1) come cambierà la relazione fino a quando la promessa non sarà mantenuta e 2) cosa succederà se non verrà mantenuta.

Anche in questo caso, se la promessa è sincera, il tuo appuntamento andrà bene con i "termini" che hai impostato. Tuttavia, se inizia ad arrabbiarsi o si mette sulla difensiva, il tuo partner ha intenzione di manipolarti. Quindi, indica le conseguenze e guarda come reagisce.

3) Appello all'immagine di sé - Quando gli altri non si preoccupano di te, si preoccupano comunque di se stessi. Anche ai bugiardi piace pensare a se stessi come brave persone. Quindi, puoi mettere alla prova la loro sincerità riflettendo su come una promessa li fa apparire e sentire.

Ad esempio: dire qualcosa del tipo: "Mi fido di te perché so che non sei il tipo di persona che vuole sembrare un bugiardo o un fallito. Manterrai la tua parola e farai quello che dici. Non sei come quei perdenti che fanno promesse senza alcuna intenzione di mantenerle ".

Una tale dichiarazione farà sentire un partner sincero molto bene con se stesso. Ma farà sentire molto male un partner bugiardo. Quindi, se dici qualcosa del genere e il tuo partner diventa ostile, fai attenzione. Stai per essere manipolato.

"Dating Game: Taking Too Much"

Il dare e il ricevere quotidiano tra le persone si basa sulla regola sociale della Reciprocità. Essenzialmente, reciprocità significa che qualcuno dovrebbe essere disposto a restituire un favore, quando viene fatto per loro. Questa regola protegge un "donatore" dall'essere sfruttato da qualcuno che prende, ma non restituisce mai. Ciò mantiene anche le persone motivate a dare liberamente ... e la nostra società di scambio funziona senza intoppi.

Assunzione manipolativa - Data la regola della reciprocità, se una persona prende un regalo senza apprezzarlo e con l'intenzione di ricambiare in natura, allora ci sta manipolando. Ciò è particolarmente vero quando la "presa" si verifica più volte, senza che l'acquirente faccia alcun movimento per rimborsare e bilanciare lo scambio. Una persona del genere sta essenzialmente "truffando" il sistema e ottenendo qualcosa per niente.

Ad esempio, potrebbero dire "non dovresti dare e aspettarti qualcosa in cambio". Tuttavia, sono loro che stanno venendo meno alla regola sociale della reciprocità, dove "non dovrebbero essere disposti a prendere le cose senza essere riconoscenti e pianificando di prendersi cura dei bisogni del donatore in cambio". Non cadere nelle loro manipolazioni o giustificazioni.

Nel complesso quindi, prendere ripetutamente, senza apprezzare il dono e con l'intenzione di ricambiare, è manipolativo. Questo è vero indipendentemente dalle altre circostanze presenti. Se sta creando uno scambio ingiusto e grossolanamente squilibrato, allora è manipolativo.

Difesa contro l'assunzione manipolativa

Ci sono alcune tecniche per difendersi da appuntamenti che "prendono troppo" ...

1) Non dare così tanto, così velocemente - Sii prudente nel dare, soprattutto nelle prime relazioni. Non essere così veloce da investire pesantemente. Inoltre, non essere pronto a fare grandi favori per un nuovo partner all'inizio (e sii sospettoso se li chiede). Se piacerai a qualcuno, piacerai a lui indipendentemente da quanto spendi o fai per lui. Una cena a base di aragosta o pulire la casa non farà la differenza. Dare non li porta ad amare. Quindi, non "svenarti". Una buona regola da seguire è di non dare così tanto da risentirti se non viene restituito.

2) Cerca apprezzamento e reciprocità - Oltre a limitare il tuo dare all'inizio, vale anche la pena cercare segni di apprezzamento e intenzione del tuo partner. Quando fai cose carine, ti ringrazia? Fa cose carine in cambio? Se non lo fa, potresti fare una

richiesta gentile e generale a lui/lei e vedere come risponde. Se il partner si mostra aperto a dare e ad aiutarti, allora puoi continuare. Una relazione sana può svilupparsi quando c'è reciprocità. È meglio ridurre le perdite in anticipo piuttosto che manipolare ulteriormente la tua gentilezza.

3) Fai scambi, non regali - Se stai cercando qualcosa di specifico dal tuo partner, allora chiedilo in anticipo. In quella situazione, quello che vuoi veramente fare è "scambiare" le tue cose con le loro. Non è un regalo. Dire che il tuo oggetto scambiato è un "regalo" e poi chiedere qualcosa di specifico in cambio può anche essere manipolativo. Questo non significa che gli altri abbiano il diritto di manipolarti (due errori non fanno un diritto). Ma significa che, se vuoi qualcosa di specifico, dovresti chiederlo in anticipo come scambio. Hai comunque molte più possibilità di negoziare e ottenere qualcosa di specifico in condizioni di libero scambio.

Dare fa parte di tutte le relazioni normali e sane. In condizioni di reciprocità e gratitudine, vengono restituiti cure e favori (di solito senza grande suggerimento). Ma, non importa quanto lo desideri, se qualcuno non ti ama, accumulare cure e doni su di loro non cambierà i suoi sentimenti. Quindi, non esagerare. Invece, dai un po' per iniziare e vedi se ricambiano. Se lo fanno, continua a dare e goditi lo scambio reciproco. Tuttavia, se continuano a chiedere e prendere senza dare invece, liberati di loro. Ulteriori donazioni saranno solo una tua perdita.

Sviluppare un metro interno sulla manipolazione: un'abilità di vita

Un buon modo per diventare consapevoli della manipolazione è notare quando stai facendo ciò che qualcun altro vuole invece di ciò che vuoi tu. Sentirti vagamente a disagio, instabile, disconnesso e squilibrato può essere segno che stai permettendo a te stesso di essere manipolato. Percepire la tua vita come fuori servizio, inappropriato o sbagliato sono avvertimenti.

Tutti questi feedback corporei servono come segnali importanti del fatto che è probabile che tu sia stato "preparato", consciamente o inconsciamente, per essere manipolato. Sviluppare quello che può essere chiamato "un metro interiore sulla manipolazione" è un'abilità di vita fondamentale per diventare una persona assertiva ed essere in grado di contare su te stesso come tua autorità.

Ecco cinque segnali fondamentali per vedere chiaramente la manipolazione e aumentare la tua consapevolezza:

1. Sperimentare una "oscillazione", disagio o incongruenza in un dato ambiente interpersonale: ti senti insicuro, dubitando della realtà di ciò che sta accadendo e non su un terreno solido dentro di te;

2. Mancanza di risonanza dei valori: i valori sottostanti alle azioni e alle parole non riflettono ciò che è importante per te, mostrando così una mancanza di connessione e risonanza con i valori presentati;

3. Sentirsi svuotati, molto stanchi ed esausti dopo le interazioni interpersonali (non attribuito a un lavoro fisico, emotivo o relazionale impegnativo): stare con certe persone e in ambienti specifici è associato al sentirsi svuotati fisicamente ed emotivamente, soprattutto quando si dà molto e si riceve poco in cambio. Questo fenomeno è talvolta paragonato all'essere intorno a "vampiri emotivi" che ti prosciugano tutto il tuo sangue, energia e forza d'animo e restituiscono poco o nulla;

4. L'ego, come un falso senso immaginario del sé, è evidente e attivato sotto forma sottomissione: essere guidati inconsciamente, o qualcuno che mira a ottenere qualcosa o da qualche parte, è come essere spazzati via da uno tsunami di bisogni e desideri, obiettivi e piani di un altro;

5. Senti una tendenza, una spinta o un impulso, o semplicemente inizi a parlare e ad agire, in un modo chiaramente diverso

da ciò che tu sei: non ti riconosci nel tuo comportamento verbale e d'azione perché non stai dicendo e facendo ciò che faresti normalmente e naturalmente!

Ogni volta che uno o più di questi segnali chiave sono chiaramente presenti e senti il campanello d'allarme, puoi essere certo che si tratti di manipolazione. Quando il tuo metro interiore sulla manipolazione inizia a suonare, vale la pena prestare attenzione a questo avvertimento e intraprendere azioni immediate, spesso paradossalmente senza fare assolutamente nulla. È nella non azione che "riscatti" il dire e fare qualcosa che normalmente non diresti o faresti.

A volte quasi tutti sono vittime, tuttavia il ruolo di essere una "vittima" di circostanze, situazioni e altre persone è ampiamente facoltativo. Una volta superata l'età della ragione, circa 9 anni e con poche eccczioni, la vita semplicemente non funziona in questo modo. Ci sono situazioni nella vita, cioè sei guidato o ci si aspetta che tu dica e agisca nel modo in cui vuole l'altra parte. Gli esempi includono qualcuno che usa senso di colpa, odio o rabbia per avere ragione o ottenere ciò che vuole. Il modo in cui ti comporti di fronte alle situazioni dipende sempre da te, non da un altro o da una serie di circostanze.

La via d'uscita dagli stratagemmi manipolativi è semplice, dura e gratificante: esercitati continuamente a riconoscere la manipolazione il prima possibile; resisti all'impulso di reagire emotivamente o di comportarti in modo sconfitto o distruttivo; ascolta l'avvertimento e comportati consapevolmente come avresti fatto se non fossi stato esposto a questo tentato uso improprio della tua vita, ponendo limiti inequivocabilmente chiari e offrendo scelte notevolmente trasparenti.

Riscrivere, o ri-percepire vecchie idee, immagini e decisioni in un modo nuovo e più sano che sia praticabile oggi, è centrale. Puoi riscrivere ogni scenario manipolativo e visualizzare come ti comporteresti in ogni situazione senza rimanere intrappolato nel set-up.

Il dare e avere ogni giorno delle relazioni sociali fornisce dei compromessi, ovvero ogni alternativa produce guadagni e perdite diversi, alcuni dei quali producono benefici e altri che ti costano caro.

Partecipare a una funzione aziendale può essere un buon affare, ma socialmente intimidatorio. Così come una nuova persona può essere eccitante, ma spaventosa. Le nostre scelte riflettono questi compromessi e la complessità della vita. A volte ci pieghiamo nella direzione di altre persone e a volte rimaniamo fedeli alla nostra. Questo è l'equilibrio sociale. Tuttavia, la manipolazione non implica alcun rispetto per la scelta o il benessere.

Ogni approccio è una strategia intelligente per evitare, eludere e "riscattare" con forza la manipolazione.

Disco rotto: scegli una frase concisa o una frase da ripetere più e più volte, come "Non compro nulla oggi" o "Voglio un rimborso per questo articolo difettoso".

Disinnescare: data la rabbia o l'esplosione emotiva di un altro, ti astieni da ulteriori discussioni finché non si è calmato e puoi continuare una conversazione utile. Potresti dire: "Fermiamoci a questo punto e continuiamo questa sera una volta che ti sarai calmato", oppure "Vedo quanto questa conversazione sia incredibilmente difficile ed emotivamente sconvolgente per te, quindi ne riparliamo domani".

Ritardo assertivo: ritardi deliberatamente la risposta ad un'affermazione provocatoria finché non sei calmo e pronto a gestirlo nel modo più appropriato. Ad esempio, puoi dire: "Dovrò sopportare questo e tornare con te dopo" o "Scelgo di riservare il giudizio in questo momento e affrontarlo più tardi".

Accordo assertivo: possiedi, riconosci e ringrazia per qualsiasi reclamo specifico o feedback critico che puoi onestamente accettare. Un esempio: "Non ero al meglio nel gestire quella situazione", o "Ero in ritardo di venti minuti per quell'incontro", o "Hai ragione sul fatto che non era appropriato giurare di esprimere il mio punto di vista".

Appannamento: scegli di non affrontare alcun reclamo, critica o rimprovero e affronta solo quelli con cui sei d'accordo. Riformula le critiche in modo da poter essere onestamente d'accordo. Puoi essere anche in parte: "Sei preciso nel consegnare un lavoro sciatto che la segretaria deve digitare". Oppure puoi concordare sulla probabilità: "Puoi avere ragione sul fatto che spesso sono in ritardo di dieci minuti alle riunioni". Oppure puoi essere d'accordo in linea di principio: "Vedo la tua logica secondo cui se fossi socialmente imbarazzante come affermi, allora sarebbe certamente un ostacolo ai miei buoni affari".

Indagine assertiva: sfida le critiche per aiutare a scoprire cosa ci sta veramente alla base. Ad esempio, "Dato che il tuo turbamento sembra davvero sproporzionato rispetto a queste circostanze, per cosa sei davvero così turbato? È successo qualcosa che non so?" Oppure chiedi: "Mi chiedo perché t'infastidisca tanto quando parlo?" o "Qual è il tuo problema con i miei commenti?

Cosa puoi fare:

Ridendo: alla tua richiesta assertiva si reagisce come uno scherzo. Non "prendi l'insulto" al loro comportamento offensivo e oltraggioso.

Accusing Gambit: sei semplicemente incolpato del problema. Puoi non essere d'accordo.

The Beat-up: la tua dichiarazione è accolta con un attacco personale.

Azzardo ritardato: l'altra persona vuole ritardare la sua risposta perché è troppo stanca o semplicemente la considera scomoda. È possibile utilizzare il Broken Record o semplicemente insistere su un orario e una data specifici in cui il problema può essere esaminato seriamente, adeguatamente dibattuto e discusso.

Perché Gambit: tutte le affermazioni vengono bloccate ripetutamente ponendo la domanda "Perché?"

Azzardo di autocommiserazione: la tua dichiarazione è accolta con tristezza, lacrime e rifiuto, facendo passare il messaggio che tu sei dolorosamente sadico continuando in questo filo di conversazione. Puoi utilizzare un accordo assertivo (ad esempio, "Ho capito che questo argomento è doloroso ed è importante risolverlo").

Cavillare: la persona vuole trovare il pelo nell'uovo e discutere la legittimità di come ti senti o pensi, la forza del problema o se vuole affrontarlo.

Minacce: la tua affermazione è accolta con una velata minaccia indiretta o palesemente diretta di conseguenze negative. Usa ricerca assertiva, disinnesco, ritardo assertivo o spostamento dal contenuto al processo.

Negazione: per quanto possa sembrare ridicolo, la tua affermazione incontra una negazione totale, come "Non l'ho fatto", o "Mi hai frainteso". Rimani fermo nella consapevolezza presente e riferisci ciò che hai sentito e osservato.

Un altro intervento molto potente per individuare, evitare e affrontare in modo produttivo la manipolazione è l'uso di "inoculazione da stress" quando si affrontano "fattori di stress" difficili, o ciò che richiede un cambiamento da parte tua. L'idea alla base dell'inoculazione dello stress, suggerita per la prima volta dal ricercatore Donald Meichenbaum con il suo sviluppo della terapia cognitivo - comportamentale e ulteriormente contribuito da Raymond Novaco negli anni '70, era di fornire alle persone modi per percepire, valutare e usare il dialogo interiore nell'affrontare eventi stimolanti come mezzo per costruire la fiducia in se stessi e la resilienza.

Anticipando ogni passo in un incontro difficile, attingendo a modi utili e responsabilizzanti per percepire, valutare e mantenere le circostanze specifiche, utilizzando affermazioni di sostegno oneste abbinate a rilassamento.

L'inoculazione sotto sforzo è teoricamente vicina all'uso delle vaccinazioni in medicina. Come con l'uso di vaccinazioni nell'immunizzare una persona da una malattia somministrando alla persona una dose molto piccola della malattia per aiutare a costruire gli anticorpi e gli antigeni necessari, così l'inoculazione per stress mira a iniettare una piccola dose di una difficile situazione stressante, accoppiata con rilassamento e specifiche dichiarazioni di auto-sostegno in ogni fase del processo, per aiutare con forza la persona a costruire strategie di coping, parole assertive e forzerisorse interiori per gestire efficacemente tali provocazioni.

Nella teoria dell'inoculazione da stress, si ritiene che la rabbia sorga di fronte a qualche provocazione, sia determinata da ciò che pensi, dici a te stesso, da ciò che accade all'interno del tuo corpo e dalle scelte comportamentali che fai. La fonte principale alla base della rabbia è considerata il tuo pensiero e il cambiamento. Ciò implica condurre un'analisi situazionale di come si scatena la rabbia utilizzando una tecnica di automonitoraggio per osservare cinque recenti situazioni che provocano rabbia.

I cinque passaggi nel trattamento della rabbia in caso d'inoculazione da stress di Novaco sono:

1) ridefinire la rabbia;

2) condurre un'analisi situazionale dei meccanismi d'innesco;

3) apprendere abilità di rilassamento e una sequenza di pensieri per affrontare lo stress;

4) applicare le capacità cognitive a una gerarchia di situazioni che provocano rabbia; e

5) applicare le capacità di coping alle provocazioni della vita reale.

Il riconoscimento e lo sviluppo di abilità di rilassamento appropriate ed efficaci per te vengono quindi utilizzati per contrastare la tensione fisiologica, che tende ad abbassare la soglia di rabbia e aumenta la probabilità di agire arrabbiato. Plasmare la capacità di rilassarsi a volontà entro uno o due minuti ti offre la capacità di affrontare situazioni provocatorie senza tensioni fisiologiche. La teoria dell'inoculazione da stress include anche l'allenamento della consapevolezza per notare l'eccitazione fisiologica dal tuo corpo e tutti i pensieri automatici negativi che sorgono nell'aiutare a far fronte bene alla rabbia che sorge nella vita reale. Può essere utilizzato nell'applicare le capacità cognitive per formare una gerarchia di situazioni che provocano rabbia per continuare a desensibilizzare l'eccitazione di tensione.

CAPITOLO 4:
COME PROTEGGERSI DALLA MANIPOLAZIONE EMOTIVA

Sei una persona eccessivamente emotiva? Ti sciogli facilmente quando qualcuno si emoziona di fronte a te? Se è così, fai riferimento a questo capitolo in cui viene spiegato come proteggerti dalle manipolazioni emotive.

Tutte le emozioni, negative o positive, hanno uno scopo nella nostra vita, ma dovremmo stare attenti alle persone che sfruttano le emozioni come arma per manipolarci. Ci sono persone che identificano facilmente le persone e le manipolano facilmente. È essenziale proteggerci da queste persone. Ecco alcuni suggerimenti che possiamo dare per proteggerci dall'essere vittime di manipolazioni emotive.

Non lasciarti cadere nella loro trappola

Le persone che provano piacere nel giocare con le emozioni degli altri useranno qualsiasi tipo di tattica, come confusione, biasimo e interrogatorio, al fine di ottenere la tua fede in se stesse. Se hai a che fare con queste persone più spesso sul posto di lavoro, è meglio trascurarle. I manipolatori emotivi cercano sempre di conquistare la tua fede, quindi assicurati di non dargli quello che vogliono. Una volta che falliscono dopo diversi tentativi, potrebbero lasciarti in pace.

Non lasciarti attaccare emotivamente a loro

Non è facile identificare queste persone perché non mostrano le loro vere intenzioni immediatamente quando vengono in contatto con te. Presta attenzione al loro primo segno e poi lentamente allontanati dalla relazione e assicurati di far loro conoscere i tuoi limiti. I manipolatori emotivi trovano facilmente la loro prossima vittima, ma è più facile se non permetti loro di iniziare una relazione con te. Mantieni un rapporto cordiale con loro ma non lasciare che vada oltre.

Inizia a prendere nota di quello che dicono durante le conversazioni

Può sembrare un po' imbarazzante, ma i manipolatori emotivi hanno l'abitudine di farti sembrare il cattivo. Per garantire ciò che hanno detto nelle conversazioni precedenti è essenziale annotarlo in modo che non possano cambiare in seguito per giustificare il loro comportamento. Cercheranno di convincerti che non l'hanno mai detto, ma puoi effettivamente dimostrare che si sbagliano quando avrai annotato le cose.

Interrompere relazioni dannose

Se noti questo tipo di comportamento nel tuo ragazzo, nella tua ragazza o in chiunque altro, dovresti interrompere una relazione del genere per il tuo benessere. Non puoi cambiare la natura di una persona con forza, ma puoi lasciarla così com'è nelle sue mani. Ti meriti una persona che possa nutrire e bilanciare le tue emozioni, non qualcuno che ti usi per il proprio divertimento.

Ammoniscili per il loro comportamento

Queste persone non si sono mai confrontate con gli altri perché hanno sempre avuto un atteggiamento volto alla manipolazione. Dovresti difenderti e fargli sapere che ti sei sentito a disagio a causa del loro comportamento. Anche se hanno ancora un atteggiamento del genere nei tuoi confronti, dovresti difendere la verità. Forse inizieranno a cambiare tono se gli colpisci un nervo, forse una volta che sanno che non saranno più in grado di comandare, non avranno più nessuno da manipolare.

Sii sempre chiaro ove possibile

Ovviamente, evitare i manipolatori emotivi eliminerà le tue possibilità di essere sfruttato da loro. Per fare questo, prova a capire la persona al primo incontro e se non percepisci un'atmosfera positiva mentre sei con lui/lei, allora semplicemente fidati del tuo istinto se ti dice di ignorare una persona del genere. Sul posto di lavoro non è altrettanto facile farlo, ma puoi cerca di limitare il più possibile le interazioni con queste persone. Questo ti farà risparmiare molta energia.

Sviluppa una mentalità forte

Non lasciare mai che le loro provocazioni facciano breccia nella tua mente, annuisci alle loro parole senza essere d'accordo o ignora semplicemente quello che dicono. Se sai che tipo di persona sei e hai un forte senso di rispetto per te stesso, nulla t'influenzerà.

Medita per rilassare la mente

Per avere energia positiva dovresti meditare per mantenere la mente rilassata. Ti aiuterà a gestire i manipolatori emotivi perché avrai la pace interiore della mente, non importa quanto caos si dispieghi intorno a te. Se hai una mente rilassata, sarà più facile non essere influenzato da queste persone.

Sii sempre di umore positivo

Un manipolatore emotivo può rovinare completamente il tuo umore, quindi assicurati di rigenerarti con pensieri edificanti durante il giorno. Si divertono a condizionare il tuo umore, quindi quando vedono che non sei influenzato dalle loro osservazioni, non avranno più motivo di influenzarti.

Affrontiamo queste persone in ogni fase della vita, quindi è sapere come affrontarle rappresenta una vera e propria abilità. Coloro che sono abbastanza abili da identificarli nella fase iniziale rimangono inalterati mentre gli altri rimangono stressati. Quindi è meglio imparare immediatamente come riconoscerli.

RICONOSCERE UNA RELAZIONE MANIPOLATIVA

Quando ami qualcuno, fai sacrifici per lui, giusto? Fai del tuo meglio per renderli felici e, così facendo, assicuri pace e felicità nella tua vita. Questa affermazione funziona solo se la persona che ami dimostra lo stesso grado di amore, cura, preoccupazione e sacrificio anche per te.

C'è tuttavia una linea sottile tra la volontà di scendere a compromessi e mettere al primo posto i bisogni di un altro piuttosto che diventare vittima di una relazione manipolativa. Le relazioni manipolative derivano da un tipo d'influenza sociale che cerca di cambiare il comportamento di qualcuno con mezzi ingannevoli o abusivi.

In altre parole, un manipolatore userà spesso pressioni sociali e tattiche come mentire, senso di colpa, vergogna, controllo sociale, isolamento e ricatto emotivo per farti diventare qualcuno che non sei. Questo processo di solito comporta la modifica delle priorità per mettere al primo posto i bisogni del manipolatore, facendoti credere che i tuoi desideri e bisogni siano gli stessi,

intimidendoti al punto di non essere più in grado di difendere i tuoi diritti. In casi lievi, un manipolatore potrebbe essere visto come un fidanzato o una fidanzata eccessivamente dominante, in casi più estremi, possono portare ad abusi. A volte, questo abuso è fisico, a volte è emotivo e può anche essere finanziario.

Sapere quando potresti essere in una relazione manipolativa

Ponetevi le seguenti domande:
- Anche le tue priorità sono importanti? Sono riconosciute, discusse e il tuo partner lavora con te per vedere se possono essere raggiunte?
- Senti di essere trattato con rispetto? Il tuo partner mostra preoccupazione per te, ascolta le tue opinioni e bisogni e ti tratta bene sia in pubblico che in privato?
- Se davvero non vuoi fare qualcosa, sei in grado di dire "No" senza sentirti in colpa, vergognarti o avere paura?

- Se paghi qualcosa, ti appartiene? Puoi fare come desideri con i tuoi soldi?
- Sei mai stato minacciato emotivamente, fisicamente o mentalmente?
- Pensi che, se necessario, puoi prendere decisioni e agire in qualsiasi area della tua vita senza dover prima chiedere il permesso al tuo partner?
- Ti senti impaurito e insicuro se il tuo partner non è felice?

Se la tua risposta alla maggior parte di queste domande è "No", allora potresti essere in una relazione manipolativa e dovresti fare un passo indietro per rivalutare la situazione e il tuo rapporto.

Riconoscere le tattiche manipolative chiave

Ci sono molte ragioni per cui una persona potrebbe diventare manipolatrice. Alcuni motivi comuni potrebbero essere il loro desiderio di guadagno personale anche se danneggia un'altra persona, una spinta a sentirsi superiore o ad avere potere su un altro, un estremo bisogno di controllo e, infine, persino la manipolazione per ragioni criminali o finanziarie.

Sebbene ci siano molte tattiche che i manipolatori usano, ce ne sono alcune comuni che possono essere usate singolarmente o raggruppate insieme ad altre. Imparare a riconoscere queste tattiche è un primo passo per proteggersi dalla manipolazione.

Ti fanno sentire in colpa

La manipolazione di solito inizia con il senso di colpa. Trovi che spesso stai de-enfatizzando i tuoi bisogni e desideri perché ti senti in colpa nei confronti del tuo partner? Il tuo partner fa spesso affermazioni che ti fanno sentire in colpa per voler fare qualcosa che ritieni importante? Se ciò accade frequentemente, potrebbe essere necessario prestare attenzione.

Dubiti del tuo giudizio

Molto spesso, il manipolatore usa una combinazione d'inganno, bugie e controllo sociale per far sì che la vittima inizi a dubitare del proprio giudizio. Se sei arrivato a un punto in cui non ti fidi del tuo giudizio su quello del tuo partner e se hai prove di comportamenti ingannevoli, allora devi essere consapevole che potresti essere diventato una vittima di manipolazione.

Ti senti emotivamente insicuro

La maggior parte dei manipolatori usa una combinazione di vergogna, intenzioni altruistiche e vulnerabilità emotive per riprodurre le tue insicurezze e renderti più dipendente da esse per il supporto e l'approvazione.

Credi che dovresti soddisfare i loro bisogni e desideri a tutti i costi

Questo è uno dei migliori test che potresti avere. Ciò accade quando credi che i bisogni e i desideri del manipolatore siano i tuoi stessi bisogni e desideri, ma raggiungerli ti ferisce o ti fa sentire infelice e insoddisfatto.

TRATTARE CON LA MANIPOLAZIONE

Fai un paio di passi indietro dalla situazione e osserva come il manipolatore ti tratta in pubblico e in privato. Trattano anche le altre persone in modo diverso? Ci sono incongruenze nel loro comportamento? Mentono per omissione? Prendi appunti e tieni traccia di questi casi. Spesso, in una relazione come questa, devi dimostrare a te stesso che fatti e situazioni vengono manipolati a tuo svantaggio.

Cerca aiuto. Contatta i tuoi amici e la tua famiglia. Più ti isolerai, più difficile sarà per te riprendersi da una relazione manipolativa. Se hai una relazione seria e impegnata, considera la consulenza. Valuta se questa relazione è dannosa per te e per i tuoi cari. Se lo è, preparati a prendere una certa distanza dal tuo manipolatore.

È difficile riconoscere le relazioni manipolative. Quando si tratta di amore, siamo orientati ad essere altruisti e potrebbe volerci del tempo per renderci conto che il nostro altruismo non è ricambiato.

La manipolazione può assumere la forma di controllo emotivo, psicologico, fisico e persino finanziario. In genere, la vittima rinuncia ad alcuni di questi stati per soddisfare i desideri del manipolatore.

Se ritieni di essere in una relazione manipolativa, cerca l'aiuto di familiari, amici e, se necessario, consulenti professionisti per affrontare la situazione.

7 SEGNI DI MANIPOLAZIONE NELLE RELAZIONI

La manipolazione è più comune nelle relazioni oggi più che mai. Con l'aumento dei social media e il declino delle capacità relazionali interpersonali, le persone sono sempre più manipolatrici.

Ma la manipolazione nelle relazioni non è sempre il risultato di un intento malvagio. In effetti, molte volte è innocente e innocuo. Nella maggior parte dei casi, la persona che esegue la manipolazione non è nemmeno consapevole di farlo con il proprio partner. In alcuni casi, ne sono consapevoli, ma credono che sia innocuo. In altri casi, la manipolazione fa parte di un modello tossico nella relazione e continua all'infinito.

Ma dovresti diffidare di qualsiasi tipo di manipolazione nella relazione. Anche se a volte può essere innocuo, essa può presto trasformarsi in uno schema negativo se non la gestisci correttamente e ne parli con il tuo partner.

Diamo un'occhiata ad alcuni tipi comuni di manipolazione in una relazione:

1. Contratti segreti

Questo tipo di manipolazione è molto comune negli uomini che sono insicuri in una relazione. Ma può essere visto anche nelle donne.

Un contratto nascosto è semplicemente un contratto che molte persone fanno nella loro mente ma non ne discutono mai veramente con il loro partner. Faranno qualcosa di carino per il loro partner e si aspettano qualcosa in cambio.

Ad esempio, "Le comprerò il vestito che le piaceva. Sono sicuro che farà sesso con me stasera."

Oppure un caso estremo di un contratto del genere potrebbe essere qualcosa del tipo: "Pagherò per la sua istruzione e la sosterrò nella sua carriera. In cambio, sono sicuro che mi amerà e mi resterà fedele ".

Naturalmente, quando le cose non vanno come previsto, si arrabbiano e ciò porta a litigi. Ma questo tipo di manipolazione non porta mai a niente di buono.

2. La trappola

Un tipo comune di manipolazione che le persone usano è preparare una trappola per il loro partner. Potrebbe essere semplice come una parola detta in modo sgarbato, o qualcosa di estremamente complicato e manipolativo come convincere un amico a colpire il proprio partner.

In entrambi i casi, è sbagliato farlo e come dovresti reagire dipende dalle loro intenzioni e dai motivi dietro la manipolazione.

3. Il trattamento silenzioso

Il trattamento del silenzio è il tipo di manipolazione preferito da molte persone. Invece di parlare della questione, scelgono di riservare al partner il trattamento del silenzio.

Ora, il trattamento del silenzio di per sé non è male. Molte volte, tacere e riflettere sulla questione può aiutarti a giungere a una conclusione. Ma alcune persone lo fanno con l'intenzione di punire il proprio partner e vincere la discussione.

Ma se continuano il trattamento del silenzio fino a quando non chiedi scusa, anche se non hai sbagliato, allora hai un maestro manipolatore a portata di mano e devi affrontare questo problema il prima possibile.

4. Controllo dei messaggi

Un altro tipo di manipolazione che le persone usano è che controlleranno costantemente i tuoi messaggi alle tue spalle o davanti a te.

Nella maggior parte dei casi si tratta di un tradimento della fiducia e di una violazione della privacy. Ma alcune persone imparano a manipolare i loro partner affinché accettino questo comportamento. Diranno cose come: "Se non hai niente da nascondere, perché t'interessa?"

Questo tipo di manipolazione è solitamente comune nelle relazioni in cui un partner ha problemi di fiducia. Questi problemi di fiducia sono spesso il risultato di qualcosa che è accaduto nella relazione.

Ma in molti casi, questi problemi di fiducia sono semplicemente l'insicurezza di un partner che filtra nella relazione.

5. Ricattare con i social media

I social media hanno reso la manipolazione molto facile. Troverai spesso commenti passivi aggressivi e una marea di diverse tattiche manipolative utilizzate da persone che amano la manipolazione dei social media.

Se il tuo partner li usa per manipolarti, è molto probabile che lo faccia per farti ingelosire o per abbatterti.

6. Ricattare il sesso per ottenere ciò che vogliono

La prima cosa che viene in mente è un tipo di manipolazione molto diretto che molte persone vedono nella loro relazione. È abbastanza comune con le donne, ma si sa che anche gli uomini lo fanno.

Ricattare il sesso dal loro partner perché non ottengono ciò che vogliono. A volte, rifiutano il sesso per punire un partner per aver fatto qualcosa che non gli piaceva.

" Non hai portato fuori la spazzatura? Beh, non aspettarti niente stasera. "

" Non mi hai comprato quella collana che volevo? Non mi vedrai nuda finché non lo farai."

Fare queste azioni non è sempre un grosso problema in una relazione sana. Quindi, se il tuo partner lo fa solo per stuzzicarti o sta giocando, va bene e non dovresti preoccuparti.

È anche comprensibile se sono sinceramente arrabbiati con te per qualcosa e hanno bisogno di far decantare la rabbia prima che possano sentirsi abbastanza a loro agio.

Ma diventa un problema quando si rifiutano di fare sesso solo per punirti o per ottenere qualcosa da te.

Per capire se si tratta di manipolazione o se il tuo partner è sinceramente arrabbiato con te, devi dimostrare moltissima empatia e cercare di vedere come reagiresti se fossi nella loro situazione.

7. Il controllore di vita

Questo tipo di manipolazione è sottile. Perché non ti renderai nemmeno conto che ti stanno manipolando. Ti sembrerà che ti stiano aiutando. Ma in realtà, controlleranno la tua vita e la plasmeranno come vogliono.

Ora vorrei essere chiaro, le coppie sane si sostengono e si aiutano a vicenda a prendere le decisioni importanti della vita. Ma alcune persone lo portano al livello successivo dove si fonde con la manipolazione.

Se hai un partner che vuole controllare ogni aspetto della tua vita, alla fine non ti sentirai più te stesso ma come se stessi vivendo la vita di qualcun altro. È una buona idea affrontarli e parlarne prima di risentirti e finire in una brutta rottura.

COME GESTIRE LA MANIPOLAZIONE IN UNA RELAZIONE

Gestire la manipolazione in una relazione si riduce a 3 cose:

1. Introspezione

Il primo passo, l'introspezione, è guardare dentro te stesso e chiederti se hai fatto qualcosa per giustificare questa manipolazione.

Il tuo partner ha provato a parlarti e tu lo hai ignorato?

Hai trascurato alcune esigenze di cui ti ha parlato il tuo partner?

E, cosa più importante, hai fatto qualche tipo di manipolazione che ha causato questa risposta del tuo partner in cambio?

È importante essere onesti con se stessi. Se non sei sicuro, sarà utile parlare con qualcuno vicino a te e ottenere la sua opinione sull'argomento. Se scegli di discuterne con qualcuno, assicurati di fornire loro una visione imparziale di ciò che è accaduto.

2. Mostrare empatia

Il secondo passo è capire l'intenzione del tuo partner. In altre parole, mettersi nei loro panni e provare a sentire quello che stavano provando. Il tuo scopo qui è cercare di capirli.

Il tuo partner è manipolativo perché è insicuro e non sa come comunicare correttamente? O è solo arrabbiato per qualcosa di serio e questa manipolazione è solo un modo per ottenere una conferma da te?

Se non sei sicuro delle sue intenzioni, è meglio non fare supposizioni. Piuttosto, è meglio affrontare il discorso.

Quando lo fai, assicurati di parlare con l'intenzione di capire l'altra persona e arrivare a una conclusione; non per biasimarla e mettere benzina sul fuoco.

3. Comunicazione

Il terzo passo, la comunicazione, è il passo più importante di tutti.

Con una comunicazione adeguata, puoi praticamente risolvere qualsiasi problema nella tua relazione. Magari non sarai in grado di risolvere i problemi dell'infanzia del tuo partner e le sue cattive abitudini ma puoi portare questi problemi alla luce e trovare un modo per affrontarli insieme.

Ricorda, ogni volta che scegli di comunicare, fallo in modo chiaro e con l'intenzione di risolvere il problema. È meglio seguire il modello seguente quando affronti qualsiasi tipo di problema di manipolazione.

Se non è disposto a lavorare sui problemi e a discuterne, anche dopo aver provato più volte, allora ci sono buone probabilità che il tuo partner non sia disposto a imparare e crescere. E dovresti seriamente considerare di porre fine a una relazione del genere.

La manipolazione può trasformarsi in un modello comportamentale tossico nella relazione. È meglio affrontarla il prima possibile. Più a lungo lo ignori, più difficile sarà riconoscere il comportamento e cambiarlo.

È necessario un po' di sforzo da parte di entrambi i partner per sbarazzarsi della manipolazione tossica nella tua relazione.

CAPITOLO 5: MANIPOLATORI NEL LUOGO DI LAVORO: ECCO COME DISINNESCARLI.

Quando si tratta di rapporti di lavoro, la manipolazione è solitamente del tutto negativa e dannosa in qualsiasi situazione.

Se ti sei sentito spiazzato, sembrando poco collaborativo, egoista o emarginato nel tuo lavoro e non hai idea di come sia successo, potrebbe dipendere da un manipolatore. Sono lì, dietro le quinte, a stimolare le persone, a giocare con la mente, a criticare sottilmente le persone e a persuadere gli altri a fare il loro lavoro sporco.

Qualcuno che è sottilmente manipolativo può facilmente suscitare una forza lavoro felice ed entusiasta in un gruppo di persone disparate, che non si fidano l'una dell'altra e iniziano a non amare il loro lavoro. In qualità di leader, come riconosci un manipolatore e come puoi impedire la sua influenza?

Cosa comporta la manipolazione psicologica?

La manipolazione nel mondo degli affari e nelle culture del lavoro dipende spesso da programmi nascosti. Di solito è un tentativo di costringere o controllare sottilmente un'altra persona a cedere o fare ciò che il manipolatore vuole.

Ecco alcuni dei segni più comuni di un manipolatore al lavoro:

- Fascino superficiale e falsa simpatia
- Negoziati che non sembrano giusti, senza soluzioni vantaggiose per tutti
- Intimidazioni verbali o lodi insincere
- Carichi di lavoro su determinati soggetti rispetto ad altri
- Comportamento passivo - aggressivo
- Persone tenute all'oscuro di decisioni importanti, con informazioni vitali nascoste
- Un clima di sfiducia in cui si avverte tensione nell'aria

- Spettegolare, mettere le persone l'una contro l'altra, diffondere voci false
- Meno chiarezza, più confusione crescente
- Scarsità morale
- Rifiuto di ammettere le irregolarità, tentativi di razionalizzazione, scuse e comportamenti negativi

COME RICONOSCERE UN MANIPOLATORE

Un manipolatore può lusingarti come leader e inizialmente apparire molto favorevole a tutto ciò che fai. Se questo accade, allora sei caduto proprio nelle sue mani. Avere il controllo totale di ogni singola azione sarà molto importante per lui. Nelle sue mani l'informazione può essere un'arma. Piccole bugie faranno parte delle sue conversazioni.

I manipolatori trasmettono messaggi contrastanti a coloro che li circondano. Usano un'attenzione selettiva, dandola agli altri quando serve per i loro scopi, ma spesso la eliminano del tutto in altre circostanze. Per i loro colleghi, questo può essere fonte di confusione e impotenza.

Abili manipolatori non vogliono combattere le proprie battaglie o fare il lavoro sporco. Cercheranno qualcun altro che lo faccia per loro, assicurandosi che non siano in prima linea. I manipolatori lavoreranno duramente per posizionarsi vantaggiosamente in gruppi.

Raramente si assumeranno la responsabilità delle proprie azioni o si riterranno responsabili allo stesso modo degli altri. Possono essere grandi vittime, generando senso di colpa, sostegno, cure e molta attenzione. In questo modo, fanno sì che gli altri si assumano la responsabilità per loro o coprano il lavoro che dovrebbero svolgere da soli. Possono evocare la necessità di essere salvati.

Di solito sono abili nel seminare senso di colpa e confusione, facendo sentire gli altri in qualche modo in torto o che dovrebbero fare di più. Influenzano il clima emotivo intorno a loro e usano il loro malumore per farlo. Soprattutto, si prendono molto sul serio e reagiscono a tutto in modo estremamente personale.

Perché lo fanno?

Cosa guadagnano le persone dall'essere manipolatori? Il più delle volte si tratta di ottenere ciò che vogliono, qualcosa come una promozione o un aumento di stipendio, e dietro a ciò si trova una brama di potere, un bisogno di sentirsi superiori, di avere sempre ragione, di vincere qualunque cosa costi. Ma non si tratta di forza, in realtà si tratta di debolezza emotiva, una cosa buona da ricordare.

In che modo la manipolazione influisce sul posto di lavoro?

Un manipolatore può inviare personale di talento alla società di reclutamento più vicina alla ricerca di un nuovo lavoro. Mette le persone l'una contro l'altra, mette i loro colleghi in difficoltà e guida i rapporti di lavoro già tesi oltre il limite. I manipolatori rovinano i progetti e uccidono le scadenze, cambiano profondamente il clima emotivo, rendono i loro colleghi infelici e mantengono le persone in uno stato di turbamento per tutto il tempo che vogliono. Fanno affidamento sulla segretezza, sulla buona volontà e discrezione degli altri.

Sanno che lo stanno facendo?

Alcuni si, altri no. Che siano consapevoli o meno, il comportamento di un manipolatore è spesso compulsivo. Tendono a inciampare nel tempo. Una volta che rivelano la loro mano e i loro comportamenti sono esposti, possono decidere di andare avanti o dover essere in un certo senso, eliminati. In un modo o nell'altro le cose non rimangono le stesse. Ad ogni modo, dopo che se ne sono andati, c'è un po' di riassestamento emotivo per tutti.

Come disinnescare un manipolatore?

Come professionista, come gestisci un manipolatore? Il tuo primo passo è rendersi conto che, sebbene possano sembrare una potente minaccia, la maggior parte dei manipolatori dipende in realtà dagli altri per rafforzare la propria identità. Una volta che tu e il tuo staff smettete di avere paura, questi personaggi deboli possono perdere la maggior parte del loro potere. Con questa consapevolezza, puoi iniziare a guadagnare forza e iniziare a raccogliere il coraggio di agire in modo diverso.

ATTENZIONE: Master manipulator at work! Ecco come disinnescarli

La tua migliore strategia è riconoscere consapevolmente cosa sta succedendo e non negarlo. Una volta che sei consapevole delle loro tattiche, puoi respingerli. Respingere spesso significa parlare con qualcuno di cui ti fidi. Potresti essere sorpreso di scoprire che non sei l'unico a sentirsi in quel modo. Se il manipolatore è particolarmente abile, probabilmente ti starai chiedendo se stai impazzendo. Identificare il problema e parlare con gli altri nel campo operativo del manipolatore renderà chiaro che sei perfettamente sano di mente!

È importante mantenersi saldi e al sicuro. Non fidarti molto di ciò che dice il manipolatore e non fornirgli mai informazioni personali, relative al lavoro o riservate su di te o sul tuo ruolo. Questo può essere difficile poiché i manipolatori sono notoriamente bravi a generare fiducia. Ricorda solo che qualsiasi informazione dai loro, alla fine potrebbero usarla contro di te.

Può essere difficile quando sei al comando, ma aiuta a ridurre al minimo le interazioni che hai con il tuo manipolatore sul posto di lavoro, rendendo gli incontri che non puoi evitare, brevi e professionali. Se si fermano alla tua scrivania per condividere con te i problemi degli altri, sperando che tu ti unisca, non farti coinvolgere. Il pettegolezzo è una delle loro armi più grandi, quindi non impegnarti con esso. Se vuoi, dì semplicemente "Non faccio pettegolezzi" e taglia corto ogni legame.

Prendere una posizione forte

In qualità di leader potresti dover assumere una posizione ferma a favore del tuo team, poiché sei responsabile del loro benessere sul lavoro. Sii sincero con te stesso. Lascia che le tue parole siano ferme e sicure. Resta fermo, mantieni la calma e non abboccare mai se cerca di farti arrabbiare. Non rispondere ai finti sensi di colpa. Come leader, questo è il momento in cui devi mantenere la tua posizione e agire definitivamente sulla base della tua integrità.

CAPITOLO 6:
TEORIA DEL CONDIZIONAMENTO OPERANTE:ESEMPI PER LA FORMAZIONE DI ABITUDINI DI SUCCESSO

Il condizionamento operante è una teoria ben nota, ma come la metti in pratica nella tua vita quotidiana?

Come usi la tua conoscenza dei suoi principi per costruire, cambiare o rompere un'abitudine? Come la usi per convincere i tuoi figli a fare quello che chiedi loro - la prima volta?

Lo studio del comportamento è affascinante e lo è ancora di più quando possiamo collegare ciò che viene scoperto sul comportamento delle nostre vite al di fuori di un ambiente di laboratorio.

Il nostro obiettivo è fare esattamente questo, ma prima è necessario un riepilogo storico.

I nostri protagonisti: Pavlov, Thorndike, Watson e Skinner

Come tutte le grandi storie, inizieremo con l'azione che ha dato il via a tutto il resto. Molto tempo fa, un ricercatore stava cercando di capire i misteri che circondano la salivazione nei cani. Ipotizzò che i cani salivavano in risposta alla presentazione del cibo. Ciò che scoprì pose le basi per quello che divenne chiamato condizionamento pavloviano e in seguito condizionamento classico.

Cosa c'entra questo con il condizionamento operante? Altri scienziati comportamentali hanno trovato interessante il lavoro di Pavlov, ma lo criticarono per la sua attenzione all'apprendimento riflessivo. Non rispondeva, infatti, a domande su come l'ambiente poteva modellare il comportamento.

El Thorndike era uno psicologo con un vivo interesse per l'istruzione e l'apprendimento. La sua teoria dell'apprendimento, chiamata connessionismo, dominava il sistema educativo degli Stati Uniti. In poche parole, credeva che l'apprendimento fosse il risultato di associazioni tra esperienze sensoriali e risposte neurali. Quando si sono verificate queste associazioni, è risultato un comportamento.

Thorndike ha anche stabilito che l'apprendimento è il risultato di un processo di tentativi ed errori. Questo processo richiede tempo, ma nessun pensiero cosciente. Ha studiato e sviluppato i nostri concetti iniziali di rinforzo del condizionamento operante e come vari tipi influenzano l'apprendimento.

I principi di apprendimento di Thorndike includono:

- La legge dell'esercizio che coinvolge quella dell'uso e quella del disuso. Queste leggi spiegano come le connessioni vengono rafforzate o indebolite in base al loro utilizzo.

- La Legge dell'Effetto si concentra sulle conseguenze del comportamento. Il comportamento che porta a una ricompensa viene appreso, ma il comportamento che porta a una punizione percepita non viene appreso.

- La Legge di Prontezza riguarda la preparazione. Se un animale è pronto ad agire e lo fa, allora questa è una ricompensa, ma se l'animale è pronto e incapace di agire, allora questa è una punizione.

- Lo spostamento associativo si verifica quando una risposta a un particolare stimolo viene infine fornita.

Elementi identici influenzano il trasferimento della conoscenza. Più gli elementi sono simili, più è probabile il trasferimento perché anche le risposte sono molto simili.

Ricerche successive non hanno supportato le leggi di causa ed effetto di Thorndike, quindi le scartò.

Una cosa di particolare interesse è che ulteriori studi hanno rivelato che la punizione non indebolisce necessariamente le connessioni. La risposta originale non è stata dimenticata.

Tutti abbiamo sperimentato questo in un momento o nell'altro.

Successivamente, John B. Watson, un altro comportamentista, enfatizzò un approccio metodico e scientifico allo studio del comportamento e rifiutò qualsiasi idea sull'introspezione. I comportamentisti si preoccupano dei fenomeni osservabili, quindi lo studio dei pensieri interiori e della loro presunta relazione con il comportamento era irrilevante.

L'esperimento "Little Albert", immortalato nella maggior parte dei libri di testo di psicologia, prevedeva di condizionare un ragazzo a temere un topo bianco. Watson ha usato il condizionamento classico per raggiungere il suo obiettivo. La paura del ragazzo del topo bianco si è trasferita ad altri animali con la pelliccia. Da questo, gli scienziati ora sapevano che le emozioni potevano essere condizionate.

A volte negli anni '30, BF Skinner, che aveva acquisito familiarità con il lavoro di questi uomini e di altri, continuò l'esplorazione di come gli organismi imparano. Skinner ha studiato e sviluppato la teoria del condizionamento operante che è popolare oggi.

Dopo aver condotto diversi esperimenti sugli animali, Skinner pubblicò il suo primo libro intitolato The Behaviour of Organisms (Skinner, 1938). Nell'edizione del 1991, scrisse una prefazione alla settima ristampa riaffermando la sua posizione riguardo alla ricerca di stimolo/risposta e alla scrittura introspettiva:

"... non è necessario fare appello a un apparato interno, sia esso mentale, fisiologico o concettuale."

Dal suo punto di vista, i comportamenti osservabili dall'interazione di uno stimolo, risposta, rinforzi e privazione associata, sono tutti necessari per studiare per comprendere il comportamento umano. Ha chiamato queste contingenze e ha detto che "spiegano la partecipazione, il ricordo, l'apprendimento, l'oblio, la generalizzazione, l'astrazione e molti altri cosiddetti processi cognitivi".

Skinner credeva che determinare le cause del comportamento fosse il fattore più importante per capire perché un organismo si comporta in un modo particolare.

In *"Learning Theories, an educational Perspective"*, Schunk osserva che le teorie dell'apprendimento di Skinner sono state screditate da quelle più attuali che prendono in considerazione forme di apprendimento di ordine superiore e più complesse. La teoria del condizionamento operante non lo fa, ma è ancora utile in molti ambienti educativi e nello studio della ludicizzazione.

Ora che abbiamo una solida comprensione del perché e del modo in cui i principali comportamentisti hanno scoperto e sviluppato le loro idee, possiamo concentrare la nostra attenzione su come utilizzare il condizionamento operante nella nostra vita quotidiana. Per prima cosa, però, dobbiamo definire cosa intendiamo per "condizionamento operante".

Condizionamento operante: una definizione

Il concetto alla base del condizionamento operante è che uno stimolo (antecedente) porta a un comportamento, che infine arriva a una conseguenza. Questa forma di condizionamento coinvolge rinforzi, sia positivi che negativi, così come primari, secondari e generalizzati.

I rinforzi primari sono cose come cibo, riparo e acqua.

I rinforzi secondari sono stimoli che vengono condizionati a causa della loro associazione con un rinforzo primario.

I rinforzi generalizzati si verificano quando un rinforzo secondario si accoppia con più di un rinforzo primario. Ad esempio, lavorare per soldi può aumentare la capacità di una persona di acquistare una varietà di cose (TV, automobili, una casa, ecc.)

Il comportamento è l'operante. La relazione tra stimolo discriminante, risposta e rinforzo è ciò che influenza la probabilità che un comportamento si ripeta in futuro. Un rinforzo è una sorta di ricompensa o, in caso di esiti negativi, una punizione.

I principi del condizionamento operante

Il rinforzo si verifica quando una risposta viene amplificata. I rinforzi sono specifici della situazione. Ciò significa che qualcosa che potrebbe rafforzarsi in uno scenario potrebbe non esserlo in un altro.

Esistono quattro tipi di rinforzo divisi in due gruppi. Il primo gruppo agisce per aumentare un comportamento desiderato. Questo è noto come rinforzo positivo o negativo.

Il secondo gruppo agisce per diminuire un comportamento indesiderato. Questa è chiamata punizione positiva o negativa. È importante capire che la punizione, sebbene possa essere utile a breve termine, non ferma il comportamento indesiderato a lungo termine o addirittura in modo permanente. Quello che fa è sopprimere il comportamento indesiderato per un periodo di tempo indeterminato. La punizione non insegna a una persona come comportarsi in modo appropriato.

Edwin Gutherie credeva che per cambiare un'abitudine, che è ciò che diventano alcuni comportamenti negativi, è necessaria una nuova associazione. Ha affermato che ci sono tre metodi per alterare i comportamenti negativi.

1. Soglia: introdurre uno stimolo debole e quindi aumentarlo nel tempo
2. Stanchezza: ripetere la risposta indesiderata allo stimolo finché non ci si stanca

3. Risposta incompatibile: abbinare uno stimolo a qualcosa di più desiderabile

Un altro aspetto chiave del condizionamento operante è il concetto di estinzione. Quando il rinforzo non avviene, un comportamento diminuisce. Se il tuo partner t'invia diversi messaggi di testo durante il giorno e tu non rispondi, alla fine potrebbe smettere di mandarli.

Allo stesso modo, se tuo figlio fa i capricci e tu lo ignori, potrebbe smetterla. Questo è diverso dall'oblio. Quando ci sono poche o nessuna opportunità di rispondere agli stimoli, il condizionamento può essere dimenticato.

La generalizzazione della risposta è un elemento essenziale del condizionamento operante. Succede quando una persona può generalizzare un comportamento appreso in presenza di uno stimolo e poi generalizzare quella risposta a un altro stimolo simile. Ad esempio, se sai come guidare un tipo di auto, è probabile che tu possa guidare un altro tipo simile di auto, minivan, SUV o camion.

9 ESEMPI DI CONDIZIONAMENTO OPERANTE

A questo punto, probabilmente stai pensando ai tuoi esempi di condizionamento sia classico che operante. Nel caso ne avessi bisogno, eccone 9 da considerare.

- Se vuoi che un bambino si sieda in silenzio mentre passi a un nuovo compito e il bambino lo fa, allora lo rinforzi riconoscendolo in qualche modo. Molte scuole usano esercizi come rinforzo. Questi vengono utilizzati dallo studente o dalla classe per ottenere una ricompensa futura.

- Un esempio di rinforzo negativo potrebbe essere la rimozione di qualcosa che gli studenti non vogliono. Vedi che gli studenti sono molto attivi e offrono risposte volontarie durante la lezione. Alla fine della lezione, potresti dire: "La tua partecipazione a questa lezione è stata fantastica! Niente compiti a casa!" I compiti sono in genere qualcosa che gli studenti preferirebbero evitare (rinforzo negativo). Imparano che se partecipano durante la lezione, è meno probabile che l'insegnante assegni i compiti.

- Tuo figlio si comporta male, quindi gli dai dei lavori extra da fare (punizione negativa - presentando un rinforzo negativo).

- Usi un premio (rinforzo positivo) per addestrare il tuo cane a fare un trucco. Di 'al tuo cane di sedersi. Quando lo fa, dagli un regalo. Nel tempo, il cane associa il trattamento al comportamento.

- Tuo figlio non sta pulendo la sua stanza quando gli viene detto di farlo. Decidi di portare via il suo smartphone (punizione positiva - rimozione di un rinforzo positivo). Comincia a pulire. Pochi giorni dopo, vuoi che pulisca la sua stanza, ma non lo fa finché non minacci di portargli via di nuovo il suo telefono. Non gli piace la tua minaccia, quindi pulisce la sua stanza.

Cosa puoi fare quando la punizione non è efficace?

- Nell'esempio precedente, potresti abbinare l'attività meno attraente (pulire la sua stanza) con qualcosa che trova più attraente (tempo extra per computer / cellulare). Potresti dire: "Per ogni dieci minuti spesi a pulire la tua stanza, puoi avere cinque minuti in più sul tuo pc". Questo è noto come il principio di Premack. Per utilizzare questo approccio, è necessario sapere ciò che una persona apprezza di più. Quindi, si utilizza l'elemento di maggior valore per rafforzare il completamento delle attività di minor valore. Tuo figlio non apprezza la pulizia della sua stanza, ma apprezza il tempo del dispositivo.

Di seguito sono riportati alcuni altri esempi che utilizzano il principio Premack:

- Un bambino che non vuole completare un compito di matematica, ma che ama leggere potrebbe guadagnare tempo di lettura extra, un viaggio in biblioteca per scegliere un nuovo libro o un momento di lettura individuale con te dopo aver completato il compito di matematica.

- Per ogni numero X di problemi di matematica che il bambino completa, può avere X minuti usando l'iPad alla fine della giornata.

- Per ogni dieci minuti di esercizio, può guardare un programma preferito per la stessa quantità di tempo alla fine della giornata.

CONDIZIONAMENTO OPERANTE VS CONDIZIONAMENTO CLASSICO

Un modo semplice per pensare al condizionamento classico è la sua capacità riflessiva. È il comportamento che fa automaticamente un organismo.

Pavlov abbinò un campanello a un comportamento che un cane già effettuava (salivazione) quando gli veniva presentato cibo. Dopo diverse prove, Pavlov condizionò i cani a salivare quando la campana suonava.

Prima di questo, la campana era uno stimolo neutro. I cani erano indifferenti al suo suono.

Il condizionamento operante riguarda le conseguenze di un comportamento: un comportamento cambia in relazione all'ambiente. Se l'ambiente impone che un determinato comportamento non sarà efficace, l'organismo cambia il comportamento. L'organismo non ha bisogno di avere una consapevolezza cosciente di questo processo perché avvenga il cambiamento.

Come abbiamo già appreso, i rinforzi sono fondamentali nel condizionamento operante. I comportamenti che portano a risultati (conseguenze) piacevoli vengono ripetuti, mentre quelli che portano a risultati negativi generalmente non lo fanno.

Il condizionamento operante è utile nell'istruzione e negli ambienti di lavoro, così come per le persone che vogliono formare o cambiare un'abitudine e, come hai già letto, addestrare gli animali. Qualsiasi ambiente in cui il desiderio è modificare o modellare il comportamento è adatto.

CONDIZIONAMENTO OPERANTE IN TERAPIA

La terapia di condizionamento operante Kumar, Sinha, Dutta e Lahiri (2019) utilizza la realtà virtuale (VR) e il condizionamento operante per aiutare i pazienti con ictus a usare più spesso la gamba paretica.

I pazienti colpiti da ictus tendono a mettere più peso sulla gamba non paretica, che in genere è una risposta appresa. A volte, però, questo è dovuto al fatto che l'ictus danneggia un lato del cervello.

Il danno risultante fa sì che la persona ignori o diventi "cieca" al lato paretico del proprio corpo.

Kumar e colleghi hanno progettato il sistema V2BaT. Consiste di quanto segue:

- Attività basata sulla realtà virtuale
- Distribuzione del peso e stima della soglia
- Stretta di mano WiiBB-VR
- Rilevamento del sollevamento del tallone

- Valutazione delle prestazioni
- Moduli di commutazione dei compiti

Usando le bilance Wii per misurare lo spostamento del peso, hanno condizionato i partecipanti a usare la loro gamba paretica offrendo una ricompensa nel gioco (stelle e incoraggiamento). Le tavole di equilibrio hanno fornito letture che hanno rivelato ai ricercatori quale gamba è stata utilizzata maggiormente durante le attività di spostamento del peso.

Hanno condotto diverse prove normali con più livelli di difficoltà. Prove di cattura intermedie hanno permesso loro di analizzare i cambiamenti. Quando la prima prova di cattura è stata confrontata con la prova finale di cattura, c'è stato un miglioramento significativo.

Il condizionamento operante e quello classico sono alla base della terapia comportamentale. Ciascuno può essere utilizzato per aiutare le persone alle prese con il disturbo ossessivo - compulsivo (DOC), un disturbo d'ansia.

Le persone con disturbo ossessivo compulsivo sperimentano "pensieri, idee o sensazioni ricorrenti (ossessioni) che le fanno sentire spinte a fare qualcosa in modo ripetitivo". Entrambi sono anche usati per trattare altri tipi di ansia o fobie.

Applicazioni nella vita quotidiana

Siamo un amalgama delle nostre abitudini. Alcune sono automatiche e riflessive, altre sono più propositive, ma alla fine sono tutte abitudini che possono essere manipolate. Per il laico che lotta per cambiare un'abitudine o per assumerne una nuova, il condizionamento operante può essere utile.

È la base del ciclo delle abitudini reso popolare nel libro di Charles Duhigg, The Power of Habit.

Habit Loop

Il segnale (trigger, antecedente) porta a una routine (comportamento) e quindi a una ricompensa (conseguenza).

Sappiamo tutti quanto possa essere difficile cambiare un'abitudine. Tuttavia, quando si comprendono i principi di base del condizionamento operante, diventa fondamentale rompere l'abitudine nelle sue parti. Il nostro obiettivo è cambiare il comportamento anche quando la ricompensa del comportamento originale è incredibilmente attraente per noi.

Ad esempio, se vuoi iniziare un'abitudine di esercizio, ma sei stato sedentario per diversi mesi, la tua motivazione ti porterà solo così lontano verso quell'obiettivo. Questo è uno dei motivi per cui questa particolare abitudine come risoluzione per il nuovo anno spesso fallisce. Le persone sono entusiaste di entrare in palestra e perdere qualche chilo dalle festività natalizie. Quindi, dopo circa due settimane, la loro spinta a farlo viene lentamente superata da una dozzina di altre cose che potrebbero interferire con il loro tempo.

Utilizzando un approccio di condizionamento operante, puoi progettare la tua nuova abitudine di esercizio. BJ Fogg, un ricercatore di Stanford, sostiene che iniziare con qualcosa di così piccolo sembrerebbe ridicolo.

Una delle cose fondamentali da tenere a mente è che devi rendere l'abitudine il più semplice possibile e più attraente. Se è un'abitudine che vuoi rompere, la rendi più difficile da fare e meno attraente.

Nel nostro esempio, potresti iniziare decidendo un tipo di esercizio che vuoi fare. Dopodiché, scegli l'azione più piccola verso quell'esercizio. Se vuoi fare 100 flessioni, potresti iniziare con una flessione sul muro, una flessione sulle ginocchia o una flessione militare. Tutto ciò che richiede meno di trenta secondi per essere realizzato.

La ricompensa può essere qualunque cosa tu scelga, ma è un pezzo fondamentale del cambiamento di abitudine.

Questa stessa metodologia è utile per molti diversi tipi di abitudini.

Un avvertimento: se hai a che fare con la dipendenza, è necessario prendere in considerazione l'aiuto di un professionista. Ciò non t'impedisce di utilizzare questo approccio, ma potrebbe aiutarti a far fronte a qualsiasi sintomo di astinenza che potresti avere, a seconda della tua particolare dipendenza.

Uno sguardo ai programmi di rinforzo

La tempistica di una ricompensa è importante così come la comprensione di quanto velocemente o lentamente un animale risponde e quanto velocemente l'animale smetterà di lavorare per la ricompensa. Il primo è chiamato tasso di risposta e il secondo tasso di estinzione.

Ferster e Skinner (come citato in Schunk, 2016) hanno stabilito che ci sono cinque tipi di rinforzo e che ognuno ha un effetto diverso sul tempo di risposta e sul tasso di estinzione. Schunk ha fornito spiegazioni diverse; i programmi di base del rinforzo sono:

- Continuo: l'animale viene ricompensato dopo ogni azione corretta.
- Rapporto fisso: ogni ennesima risposta viene premiata e la n rimane costante.

- Intervallo fisso: la tempistica della ricompensa è fissa. Potrebbe verificarsi dopo ogni 5 risposte corrette.

- Rapporto variabile: ogni ennesima risposta è rinforzata, ma il valore varia intorno a un numero medio n.

- Intervallo variabile: l'intervallo di tempo varia da istanza a istanza intorno a un valore medio.

Se vuoi che un comportamento continui per il prossimo futuro, allora un programma di rapporti variabili è più efficace. L'imprevedibilità mantiene l'animale a lavorare più a lungo e l'estinzione del comportamento è più lenta.

Il rinforzo continuo (gratificante) ha il tasso di estinzione più veloce. Intuitivamente questo ha senso quando i soggetti sono umani. Ci piacciono le novità e tendiamo ad abituarci rapidamente alle cose nuove. La stessa ricompensa, data nello stesso momento, per la stessa cosa ripetutamente è noiosa. Inoltre non lavoreremo più duramente, solo abbastanza per ottenere la ricompensa.

TECNICHE UTILI PER I PROFESSIONISTI

Terapisti, consulenti e insegnanti possono tutti utilizzare il condizionamento operante per aiutare i clienti e gli studenti a gestire meglio i loro comportamenti. Ecco alcuni suggerimenti:

- Creare un contratto che stabilisca le responsabilità del cliente o dello studente, i comportamenti attesi e quelli del professionista.
- Concentrati sul rinforzo piuttosto che sulla punizione.

Il condizionamento operante e quello classico sono due modi in cui gli animali e gli esseri umani imparano. Se vuoi allenare un semplice stimolo/risposta, quest'ultimo approccio è il più efficace. Se hai intenzione di costruire, cambiare o rompere un'abitudine, il condizionamento operante è la strada da percorrere.

Il condizionamento operante è particolarmente utile nell'istruzione e negli ambienti di lavoro, ma se si comprendono i principi di base, è possibile utilizzarli per raggiungere i propri obiettivi di abitudine personale.

I programmi di rinforzo sono fondamentali per utilizzare con successo il condizionamento operante. La punizione positiva e negativa riduce il comportamento indesiderato, ma gli effetti non sono duraturi e possono causare danni. I rinforzi positivi e negativi aumentano il comportamento desiderato e di solito sono l'approccio migliore.

CAPITOLO 7:
LA MANIPOLAZIONE PSICOLOGICA DEL PHISHING: PERCHÉ LE PERSONE CONTINUANO A CADERE VITTIME

Nel 2019 il phishing è stato il quinto tipo d'incidente di sicurezza più segnalato, seguito da Denial of Service (DoS), risorse perse o smarrite, malware di comando e controllo (C2) e consegna errata. Tuttavia, quando esaminiamo le tattiche di successo utilizzate nelle violazioni dei dati note, il phishing è in cima alla lista. Solleva la domanda: come fa il phishing a fare così tante vittime?

Come tipo d'ingegneria sociale, il phishing in tutte le sue varie forme [Spear Phishing, Whaling, Vishing, SMiShing, Business Email Compromise (BEC), Vendor Email Compromise (VEC), Search Engine Phishing, Social Media Phishing, Lateral

Phishing, Brand Jacking e Impersonation] rappresenta una manipolazione psicologica. Sfrutta l'anello più debole della sicurezza di un'organizzazione - le persone – facendo leva sui tratti umani più comuni, come la paura, la compassione e la lealtà. Il phishing è insidioso, in quanto può superare qualsiasi barriera fisica, software, di rete o di rilevamento messa in atto per proteggere un'organizzazione. Quando si cerca di combattere il phishing, è meglio affrontarlo come un problema di guerra psicologica.

Che cos'è il phishing che lo rende un mezzo di attacco così affidabile?

Esistono molti tipi di truffe di phishing: il phishing include non solo i messaggi che arrivano tramite e-mail, ma anche tramite telefono, testo e siti Web. Non è insolito che le persone vengano prese di mira con più mezzi, soprattutto se hanno accesso alle informazioni desiderate.

Il phishing sta diventando più sofisticato: negli ultimi due anni, abbiamo assistito a un'impennata di frodi di phishing in più fasi e molto più sofisticate. Le persone vengono ora truffate da professionisti, spesso provenienti da località estere, che sfruttano appieno la tecnologia per creare un profilo di una vittima al fine di garantire meglio il successo dell'attacco.

Il phishing gioca sulle paure delle persone: le truffe di phishing hanno una componente di urgenza. Che si tratti di denaro che devi inviare al più presto per risolvere un grosso problema, o di un amico o un parente che ha bisogno di soldi subito, queste tattiche sono costruite per giocare sulla paura. Alcune truffe più recenti aggiungono persino un senso di smarrimento per spingere una vittima ad agire rapidamente senza pensarci troppo.

Gli attacchi di phishing riusciti trovano le persone nei loro momenti di debolezza: nel mondo frenetico di molte organizzazioni, ci sono una serie di cose che possono causare un momento di debolezza in una vittima. Il multitasking, il lavoro quando non c'è una comunicazione efficace, le scadenze ravvicinate o il desiderio di ingraziarsi un livello superiore possono indurre le persone ad agire in modo irrazionale. Questo è uno dei motivi per cui i truffatori prendono di mira le persone che hanno annunciato un'imminente allontanamento da un'azienda, sapendo che potrebbero essere più rilassate con il passare del tempo. Sfortunatamente, un momento di debolezza può costare a un'azienda una grande quantità di denaro e buona volontà.

Paura o mancanza di conoscenza della tecnologia: molti credono che il reparto IT della propria azienda abbia tutto sotto controllo. Si affidano alla sicurezza percepita dei sistemi per rilevare le minacce di phishing prima che possano atterrare nelle loro zone di lavoro. Potrebbero anche non riuscire a percepire l'impatto che le loro azioni possono avere sulla rottura di un'infrastruttura sicura quando non riescono a seguire il processo e il protocollo.

Alla gente piace essere gentile/apprezzata: questa è una debolezza su cui un attaccante può fare affidamento. Ad esempio, ci viene insegnato che è educato tenere la porta a chi entra dietro di noi. Tuttavia, se la porta che stai tenendo è in un'area sicura, tutti gli allarmi sono inutili. Se qualcuno t'invia un'e-mail, ti chiama e ti chiede aiuto o informazioni, le fornisci per semplificare il suo lavoro. Le organizzazioni devono assicurarsi di non compromettere la propria sicurezza con un approccio al servizio clienti che ignori o superi i limiti o come le informazioni vengono condivise.

I dipendenti possono non essere a conoscenza di processi e protocolli adeguati: le persone non sanno che stanno facendo male se non gli è stato detto che è sbagliato. La mancanza di una conoscenza adeguata dei processi e protocolli di sicurezza è un punto debole dell'organizzazione, non dell'individuo. Non puoi ritenere le persone responsabili di qualcosa che non è documentato, insegnato e applicato in modo coerente.

Come può un'organizzazione combattere al meglio questi problemi umani che portano ad attacchi di phishing di successo?

Non fare supposizioni sulle capacità dei dipendenti: è più sicuro presumere che una persona non conosca l'intero panorama della sicurezza informatica, indipendentemente da quanto tempo sono stati nella tua azienda o nel loro ruolo attuale. La tecnologia si muove rapidamente, quindi non puoi presumere che le persone abbiano tutte le conoscenze di cui hanno bisogno per essere al sicuro. La formazione e il rafforzamento continui sono cruciali.

Esposizione a varie simulazioni di phishing tramite test e scenari: ho perso il conto del numero di dirigenti che si vantano del proprio personale e della loro consapevolezza della sicurezza, solo per essere contraddetto dai risultati di un esercizio di simulazione di phishing. La consapevolezza della sicurezza non è uno stato stabile che si può presumere che si mantenga nel tempo. Non puoi mai abbassare la guardia e non puoi mai smettere di allenarti o testare.

Non fare affidamento sulla tecnologia per salvarti: proprio come i tuoi dipendenti non dovrebbero pensare che l'IT della tua azienda abbia tutto sotto controllo, né dovresti farlo tu. Il più recente e migliore SIEM, antivirus, sistema IDS/IDP, firewall applicativo o qualsiasi altra delle miriadi di opzioni di sicurezza che potresti aver messo in atto per proteggere le tue risorse non fermerà un dipendente interno se vuole fare qualcosa che non dovrebbe.

Documenta i tuoi processi e procedure e forma regolarmente i tuoi dipendenti su di essi: il tuo bel piano di sicurezza non è di aiuto se i tuoi dipendenti non l'hanno mai visto. Assicurati di delineare per il tuo personale le aspettative su ciò che dovrebbero e non dovrebbero fare quando si tratta di sicurezza informatica. Assicurati inoltre di dare al tuo personale l'accesso al Piano in modo che possa essere facilmente referenziato in caso di domande o bisogno di assistenza.

Creare una cultura sicura per ammettere gli errori con una corretta segnalazione: come abbiamo notato in un recente post sul blog, Five Strategies for Cultivating a Cybersecurity Culture, "Incoraggia i dipendenti a segnalare errori innocenti. Un clic involontario in un'e-mail sospetta deve essere segnalato senza timore di censura. Tratta gli errori occasionali e non intenzionali come opportunità di apprendimento, ma non dare una seconda possibilità per violazioni intenzionali. Quando non ci sono seconde possibilità, è meno probabile che i lavoratori adottino scorciatoie e che segnalino immediatamente gli errori. Assicurati che la tua azienda disponga di un semplice meccanismo di reporting che sia rapidamente e facilmente accessibile da tutti i dipendenti e che le politiche sulle prestazioni supportino esplicitamente l'integrità in relazione alla sicurezza informatica ".

Una volta che disponi di un forte programma di consapevolezza della sicurezza che include la simulazione del phishing, individuerai un gruppo su cui concentrarti maggiormente: i tuoi peggiori trasgressori. Conosciuti anche come "clicker seriali", questi sono i tuoi dipendenti che cadono per un phishing quasi ogni volta. Come ha affermato di recente un collega, questi dipendenti "non hanno mai sospettato che quel link fosse dannoso". Cadono per le tue simulazioni di phishing meno sofisticate, quelle che dovrebbero essere percepite come palesemente ovvie. I clicker seriali devono essere trattati individualmente come un problema basato sulle prestazioni.

I manager e la leadership dovrebbero segnalare problemi specifici con comportamenti insicuri nelle revisioni annuali delle prestazioni, comprese le aspettative e le conseguenze per un comportamento inadeguato alla sicurezza informatica.

Assicurati di allineare altri comportamenti da"bandiera rossa", come la mancanza di attenzione ai dettagli, il rifiuto di seguire i processi stabiliti, ecc., con attività cibernetiche non sicure e includi piani di rimedio per questi nella revisione annuale del dipendente.

I tuoi dipendenti meno sicuri sono un problema serio, quindi stabilisci un percorso di escalation per pratiche insicure in corso. La rimozione dell'accesso ai sistemi che conservano dati protetti o riservati dovrebbe essere il penultimo passaggio. Se il percorso di escalation raggiunge questo punto, è necessario preparare la rimozione del dipendente.

Stabilire controlli individuali mensili con questi dipendenti per esaminare i progressi.

Richiama l'attenzione sui comportamenti positivi di sicurezza informatica.

In poche parole, il phishing continua a essere utilizzato in tutte le sue varie iterazioni perché funziona. Come forma d'ingegneria sociale, è uno dei mezzi più efficaci per ottenere l'accesso ai dati e alle risorse finanziarie delle organizzazioni. La lotta alla manipolazione psicologica degli attacchi di phishing richiede una mentalità di cybersecurity condivisa in tutta l'organizzazione.

CAPITOLO 8:
PERSUADERE È UN'ARTE

A tutti noi piace fare a modo nostro. Non conosco una persona che non lo sappia. Ma come lo realizziamo? Usiamo tutti la persuasione ogni giorno, che lo sappiamo o no. Far sì che qualcuno si conformi a ciò che vuoi che facciano può avvenire in molti contesti diversi. Puoi persuadere la tua dolce metà, il tuo capo, il tuo cliente o persino fare un discorso o una presentazione persuasiva. Indipendentemente dal contesto in cui stai applicando le tue capacità persuasive, ci sono alcune strategie utili che possono aiutarti a ottenere facilmente ciò che desideri.

1. Devi dare al tuo "pubblico" ciò che vuole

Ammettiamolo: siamo tutti intrinsecamente egocentrici. Se qualcosa non ci rende più felici o non rende la nostra vita migliore, non ci interessa molto. Quindi, per persuadere il tuo "pubblico" (che sia un individuo o un pubblico di 1.000

persone), devi dire loro come ne trarrà vantaggio. Non puoi concentrarti solo su te stesso o si "disconnetteranno". Se ti concentri sull'aiutarli a realizzare i loro desideri e ambizioni, saranno pronti a seguirti su qualsiasi argomento.

2. Non richiedere che il "pubblico" cambi troppo

Gli esseri umani non sono solo egocentrici, ma molti di noi sono anche pigri! Chiunque abbia deciso per il nuovo anno di perdere peso, mangiare più sano e fare più esercizio fisico sa quanto sia difficile cambiare le proprie abitudini o il proprio stile di vita. Inoltre, è molto più facile persuadere le persone su cose semplici, piuttosto che convinzioni più profonde. Il pubblico deve essere esposto a un messaggio più volte prima ancora di prendere in considerazione la possibilità di modificare i propri atteggiamenti o comportamenti.

3. Rendi il pubblico come te

Se non piaci al tuo pubblico, non crederà a quello che dici. Sii gentile, amichevole e connesso.

Assicurati di pensare sempre all'impressione che stai dando.

4. Fai in modo che chi ti ascolta si fidi di te

Voteresti per un candidato politico di cui non ti fidi? Presteresti denaro ad un'amica se pensassi che non te lo restituirebbe? Ovviamente no! Le persone sono più facilmente persuase da coloro di cui si fidano. Quindi, per far sì che le persone facciano quello che vuoi o che desideri, devi guadagnare innanzitutto la loro fiducia.

5. Usa strategie emotive per persuaderli

Uno dei modi più semplici per persuadere qualcuno è usare l'emozione. Grandi esempi di questo sono gli spot televisivi che mostrano i bambini affamati nei paesi del terzo mondo. Ti chiedono di donare loro dei soldi su base mensile in modo che possano avere acqua pulita, cibo, vestiti e istruzione. Le immagini visive sono molto tristi e quindi le persone vogliono dare dei soldi per aiutarle. Anche nelle relazioni personali, usiamo l'emozione per persuadere. Tuttavia, devi stare attento a farlo. A volte non è etico se usi il senso di colpa per manipolare qualcuno di proposito. Ma fare appello a emozioni positive come amore, felicità, appartenenza o stare insieme è un ottimo modo per far sì che il tuo "pubblico" sia d'accordo con te.

6. Usa la logica per persuadere il tuo pubblico

Non tutte le persone sono emotive. Per alcune potrebbe risultare inutile usare eccessivamente l'emozione per persuaderle. Quindi è importante ricordare di usare anche la logica a volte. Se il tuo "pubblico" è freddo, cerca di valutare la sua personalità nel miglior modo possibile. Vedi se sembra apprezzare la logica e la razionalità rispetto alle emozioni. Ma se il tuo pubblico è un grande gruppo di persone, avrai un misto di persone diverse. Quindi la cosa migliore da fare è combinare la logica con gli appelli emotivi. In questo modo, probabilmente influenzerai tutti in qualche modo.

7. Usa le tue qualità personali

Se sei un esperto dell'argomento, assicurati che il pubblico lo sappia. Vesti la parte. Recitare la parte. Sii dinamico. Sii coinvolgente. Il tuo pubblico sarà molto più persuaso se fornisci loro delle ragioni per cui dovrebbero prestare attenzione a te. Le persone sono molto facilmente persuase da persone che conoscono o rispettano. Questo è il motivo per cui le pubblicità utilizzano così spesso le celebrità. Sono riconoscibili e molte persone acquisteranno un prodotto semplicemente perché quel particolare personaggio pubblico glielo dice. Quindi vendere te stesso è la chiave per persuadere gli altri.

A volte la persuasione può essere facile. A volte è difficile. Ma se tieni a mente questi 7 suggerimenti, avrai molto successo nell'ottenere ciò che desideri.

COME INFLUENZARE LE PERSONE

Nel mondo odierno siamo sommersi da contenuti che tentano di influenzare le decisioni che prendiamo. Siamo esposti all'influenza delle nostre decisioni personali, aziendali e di consumo attraverso i media, i colleghi, gli amici e la famiglia. In molti casi, quell'influenza potrebbe non essere nel nostro interesse, dirigendoci verso la manipolazione.

È probabile che le decisioni di alto valore richiedano la capacità di influenzare gli altri, sia quelli che prendono determinati obiettivi che quelli influenzati. Come possiamo influenzare le scelte delle persone e dove oltrepassiamo il confine con la manipolazione? La capacità di distinguere l'influenza dalla manipolazione è un'abilità che può essere fondamentale per un processo decisionale efficace.

Manipolazione emotiva utilizzata per influenzare il processo decisionale

In primo luogo, è importante riconoscere che tutti noi abbiamo usato e siamo stati soggetti a manipolazione. Mentire, uno strumento chiave delle persone manipolatrici, fornisce false informazioni al decisore e, se non viene rilevato, molto probabilmente porterà a una decisione errata. Ciò può essere particolarmente distruttivo quando la bugia proviene da una fonte attendibile poiché le informazioni vengono generalmente utilizzate senza convalida. Quando informazioni specifiche diventano fondamentali per la decisione finale, è importante convalidare tali informazioni durante il processo decisionale. Come ha detto il presidente Ronald Reagan, **"Fidati, ma verifica"**.

La maggior parte delle forme di manipolazione decisionale sono più sottili della menzogna, con molte riconducibili all'uso di errori cognitivi e pregiudizi che alla fine manipolano le emozioni. Fare appello alle emozioni diventa un metodo per ignorare il pensiero critico che spesso porta a una decisione migliore. Il solo capire come decidiamo emotivamente può fornire una difesa alla manipolazione delle nostre scelte.

Esempi di tecniche pubblicitarie utilizzate per influenzare e talvolta manipolare le nostre decisioni di acquisto.

Due approcci pubblicitari riconoscibili che probabilmente hai sperimentato usano la scarsità o sono liberi di influenzare il processo decisionale e talvolta manipolano l'azione desiderata. Gli inserzionisti diranno spesso che esiste un numero limitato di prodotti disponibili a un prezzo scontato, motivando la decisione di agire rapidamente. In alcuni casi ci sarà un conto alla rovescia degli articoli quando vengono venduti per motivare una rapida decisione prima che l'ultimo articolo esaurisca.

In molti casi la scarsità di prodotto può essere valida in quanto un acquirente ha effettuato un acquisto limitato in cui è possibile realizzare un profitto al prezzo di vendita. Ma in realtà, capitano spesso casi in cui nuove quantità di prodotto appaiono magicamente quando viene venduta la quantità prevista. Quindi questa è influenza o manipolazione pubblicitaria? Poiché è difficile determinare l'intento, è importante riconoscere che la scarsità influisce sulle nostre emozioni e può essere contrastata una volta identificata.

È difficile resistere al potere della libertà a causa di una serie di benefici emotivi. Che rischio può esserci quando ottieni qualcosa gratuitamente? Il tuo tempo? In molti casi, qualcosa di gratuito richiede impegno per stabilirne il valore o costruire una relazione; tempo che potrebbe essere utilizzato per altre cose. Nella maggior parte dei casi, un'azienda sta scambiando valore per il tuo tempo. La chiave è riconoscere questo scambio durante il processo decisionale, ignorando le emozioni che potrebbero portare a una significativa perdita di tempo per qualcosa non desideri davvero. Un'altra tecnica di manipolazione consiste nell'offrire qualcosa gratuitamente, chiedendo di pagare spese di spedizione e gestione elevate. Quindi è davvero gratuito?

I pregiudizi emotivi possono anche essere usati per manipolare il processo decisionale poiché le emozioni forti tendono a prevalere sul ragionamento logico. Le associazioni con il cibo o il sesso sono approcci utilizzati nella pubblicità per emozioni piacevoli illecite che possono prevalere sul pensiero critico. La paura, l'incertezza e il dubbio vengono utilizzati anche, in alcuni casi, per bloccare o ritardare effettivamente una decisione. La pressione dei pari, l'influenza sociale o il desiderio di adattarsi possono motivare scelte disastrose, in particolare quando chi prende le decisioni non ha il discernimento necessario per rilevare la manipolazione. Le emozioni sono un elemento necessario nella scelta, ma una corsa emotiva dovrebbe essere un avvertimento per una possibile manipolazione.

Modi positivi per influenzare il processo decisionale

Come distinguiamo la manipolazione dall'influenza? L'influenza incoraggia il soggetto a raggiungere una conclusione da solo. Il manipolazione tenta di impedire quella libera scelta e decide al posto loro.

Quando si cerca di influenzare il processo decisionale, è importante concentrarsi sul fornire informazioni e opinioni che aiutano i soggetti a valutare le possibilità in base ai loro fattori di successo. È anche opportuno suggerire fattori che potrebbero non essere stati considerato. La maggior parte delle decisioni determinerà il successo in base alle varianti dei seguenti criteri:

- Prestazioni o risultati attesi

- Tempestività o pianificazione

- Costo

- Conformità a regole o standard

- Compatibilità o armonia

- Coerenza o qualità

COME PERSUADERE LE PERSONE A CAMBIARE IL LORO COMPORTAMENTO

1. Evidenzia uno spazio vuoto

Puoi aumentare il senso di libertà e controllo delle persone evidenziando una disconnessione tra i loro pensieri e le loro azioni o tra ciò che potrebbero consigliare agli altri.

Le persone lottano per la coerenza interna. Vogliono che i loro atteggiamenti e le loro azioni siano allineati. L'evidenziazione del disallineamento li incoraggia a risolvere la disconnessione.

2. Poni domande

Un altro modo per consentire il libero arbitrio è porre domande piuttosto che fare dichiarazioni. I messaggi di salute pubblica cercano di essere diretti: "Il cibo spazzatura ti fa ingrassare". "Guidare in stato di ebbrezza è un omicidio." Ma essere così diretti può far sentire le persone minacciate. Lo stesso contenuto può essere formulato in termini di una domanda: "Pensi che il cibo spazzatura faccia bene?" Se la risposta di qualcuno è no, adesso è in una situazione difficile. Incoraggiandoli ad esprimere la loro opinione, hanno dovuto mettere un paletto nel terreno - ammettere che quelle cose non sono buone per loro. E una volta che l'hanno fatto, diventa più difficile giustificare i cattivi comportamenti.

Le domande modificano il ruolo dell'ascoltatore. E questo cambiamento aumenta il buy-in. Incoraggia le persone a impegnarsi per la conclusione, perché mentre le persone potrebbero non voler seguire l'esempio di qualcun altro, sono più che felici di seguire il proprio. La risposta alla domanda non è solo una risposta qualsiasi; è la loro risposta, che riflette i loro pensieri, credenze e preferenze personali. Ciò rende più propensi a guidare l'azione.

3. Chiedere di meno

Il terzo approccio consiste nel ridurre la dimensione della domanda.

Un approccio migliore consiste nel comporre la richiesta iniziale. Chiedere di meno inizialmente e poi chiedere di più. Fai una domanda importante e suddividila in parti più piccole e più gestibili.

8 SEGRETI DELLA COMUNICAZIONE PERSUASIVA PER AIUTARTI A SENTIRTI E AD APPARIRE SICURO

Quante volte hai desiderato di poter utilizzare l'abilità della comunicazione persuasiva nella tua vita personale o professionale?

Bene, è il tuo momento di provare: ecco alcuni suggerimenti super efficaci supportati dalla scienza per padroneggiare l'arte della comunicazione persuasiva.

1. Sii eloquente con il linguaggio del corpo

Il linguaggio del tuo corpo fa sicuramente parte della comunicazione, è fondamentale e comunque essenziale per far passare il messaggio in modo efficace.

Per prima cosa, il modo in cui agisci ha un forte impatto su come gli altri ti percepiscono e su quanto sei persuasivo nel trasmettere il messaggio.

Se hai le braccia incrociate sul petto, significa che non sei aperto nella comunicazione, non sei favorevole alle idee o ad altre persone, per esempio. Tuttavia, le braccia aperte mostrano fiducia e apertura.

Quindi, studia la psicologia del tuo linguaggio del corpo e cerca di utilizzare tecniche che ti facciano sembrare più fiducioso e simpatico.

Successivamente, una tecnica chiamata mirroring, può dimostrarsi molto efficace nella comunicazione persuasiva.

Il mirroring significa seguire i movimenti del tuo interlocutore. In questo modo crei familiarità e le persone ricevono un segnale positivo e accomodante.

2. Sii diretto

Girare intorno al nocciolo di una questione può sembrare una buona idea, un po' come prepara il tuo pubblico. Tuttavia, questa non è una buona cosa da fare. Per prima cosa, le persone si annoiano facilmente. Se aspetti troppo a lungo prima di dire loro quello che vuoi veramente, può avere un effetto opposto.

Va bene avere una piccola introduzione all'argomento prima di iniziare a parlare, ma tienilo al minimo. Assicurati di essere sempre diretto, non c'è bisogno di un retroscena pesante.

3. Usa parole persuasive

Ci sono alcune parole in ogni lingua che suonano più sicure, affidabili e persuasive. Anche se non devi conoscerle a memoria e inserirle in ogni frase che dici, usarle occasionalmente e in modo appropriato può sicuramente avvantaggiarti.

4. Mostrati sicuro di te

Le persone possono percepire quando qualcuno non è sicuro. È nella tua postura, nelle tue parole e nel tuo comportamento. Quindi, se non sei sicuro della tua idea, perché dovrebbero fidarsi di te?

La tua insicurezza si traduce in loro e perdi le tue possibilità in quel momento. Se sei sicuro di te, anche l'altra parte lo percepisce e diventa automaticamente più ricettiva alle tue idee. Sembri anche un'autorità quando mostri sicurezza. Le persone sono naturalmente inclini a rispondere all'autorità.

5. Prendi una posizione forte

Analogamente all'essere sicuri di se, prendere una posizione forte fa percepire alle gente che ciò che dici sia vero. Naturalmente si presume che la sicurezza sia indice di competenza ed esperienza.

Se vuoi trarre vantaggio da una comunicazione persuasiva, smetti di usare parole come "penso" o "credo". Se pensi che qualcosa funzionerà, dì che funzionerà.

Questo studio conferma che le persone preferiscono la sicurezza alla competenza e che anche i più scettici possono essere parzialmente persuasi da un oratore fiducioso. Le persone perdonano anche i cattivi risultati se ti mostri deciso e tutti accettano più volentieri i consigli di una persona sicura.

6. Vinci alcune battaglie prima di vincere una guerra

Fare in modo che le persone siano d'accordo con te per alcune volte prima di esprimere il tuo punto principale potrebbe essere un rompicapo per te. La ricerca mostra che convincere le persone a essere d'accordo con te ha un effetto duraturo.

Prima di saltare alla fine del tuo argomento, o meglio, invece di farlo, prova a impostare alcuni argomenti o premesse con cui sai che il tuo pubblico sarà d'accordo. Le persone che accettano questi termini più semplici saranno in seguito d'accordo con altri termini più facilmente. Se avevi ragione sui primi, quanto potresti sbagliarti con la tua dichiarazione finale, giusto?

7. Sii autentico

Le persone preferiscono essere d'accordo con persone oneste e sincere. Quindi, aggiungi un po' di personalità alla tua discussione.

8. Adatta il tuo approccio

Prima di poterli persuadere, devi conoscerli. Comprendi cosa attrae il tuo pubblico, cosa vuole e come prende le decisioni. A loro piace pensarci? O rispondono immediatamente?

Se hai a che fare con qualcuno che ha bisogno di pensare alla tua proposta o argomento, fare pressione su di lui per rispondere immediatamente può solo portarlo a dire di no perché lo status quo è meglio dell'incertezza di questa nuova cosa che stai proponendo. Se hai a che fare con un pubblico che prende decisioni facilmente, puoi metterlo sotto pressione senza rischi.

La comunicazione persuasiva consiste nell'essere se stessi, nell'essere sicuri di sé e nel sapere quando e cosa dire. Si spera che questi suggerimenti ti aiuteranno a sviluppare e utilizzare l'abilità di una comunicazione persuasiva.

CONCLUSIONE: DIFFERENZA TRA PERSUASIONE E MANIPOLAZIONE

4 Definizioni importanti:

Influenza

Il potere di cambiare o influenzare qualcuno o qualcosa; il potere di causare cambiamenti senza costringerli direttamente ad accadere.

Personalmente, credo che l'influenza e la persuasione siano abbastanza intercambiabili.

Persuasione

L'atto di indurre le persone a fare o credere a qualcosa.

Ora parliamo dei cattivi cugini dell'influenza: manipolazione e coercizione.

Manipolazione

Esercitare un'influenza astuta o subdola soprattutto a proprio vantaggio; "La sua manipolazione dei suoi amici è stata scandalosa"

Coercizione

Far fare (a qualcuno) qualcosa usando la forza o le minacce: ottenere (qualcosa) usando la forza o le minacce.

La coercizione è probabilmente la più brutta di tutte. È praticamente un approccio violentissimo. Il lavaggio del cervello e la tortura rientrano nella categoria della coercizione. La manipolazione è purtroppo erroneamente equiparata all'influenza. Immagino sia comprensibile dal momento che c'è davvero solo una piccola differenza tra le due.

L'intenzione determina se sei manipolatore o influente.

Una persona manipolatrice di solito ha cattive intenzioni o non si preoccupa se l'altra persona viene danneggiata. La manipolazione insinua che non t'interessi delle conseguenze che colpiscono l'altra persona. I truffatori sono manipolatori. Convinceranno astutamente qualcuno a separarsi dai loro oggetti di valore o ad essere un complice di un crimine. Il truffatore sa benissimo che ha intenzione di andarsene a un certo punto, lasciando che la vittima si occupi della ricaduta.

L'influenza è l'arte e la scienza di allineare i tuoi fini con quelli di un'altra persona.

Lo stesso termine influenza è un termine neutro e non significa influenzare in maniera positiva o negativa, anche se lo si usa regolarmente per indicare un'influenza positiva. Spero che questo ti aiuti a comprendere le differenze tra l'influenza negativa (manipolazione e coercizione) e i lati più positivi e neutri d'influenza e persuasione.

In definitiva, esiste un potere influente e ognuno detiene il suo potenziale. Sta a te utilizzare gli strumenti e le tecniche in modo positivo.

MANIPOLATORE O PERSUASORE?

Chiamare qualcuno manipolatore è una critica al carattere di quella persona. Dire che sei stato manipolato è una lamentela per essere stato trattato male. La manipolazione è aleatoria nella migliore delle ipotesi e addirittura immorale nel peggiore dei casi. Ma cosa c'è di sbagliato nella manipolazione? Gli esseri umani s'influenzano a vicenda in ogni momento e in tutti i modi. Cosa c'è di diverso da ciò che può influenzare il comportamento di una persona e la manipolazione rendendola immorale?

Ognuno di noi è costantemente soggetto a tentativi di manipolazione, come ad esempio il "gaslighting", ovvero far dubitare del proprio giudizio incoraggiando, di conseguenza, ad affidarsi al consiglio del manipolatore. I sensi di colpa fanno sentire qualcuno eccessivamente in difetto per non aver fatto ciò che il manipolatore voleva che facesse.

La pubblicità diventa ingannevole e manipolatoria nel momento che incoraggia il pubblico a formare convinzioni non vere, come quando ci viene fatto credere che un panino sia un alimento salutare, ci vengono proposte associazioni, più o meno esplicite, tra un prodotto e un fisico vigoroso o uno stato emotivo di felicità.

Il phishing e altre truffe manipolano le loro vittime attraverso una combinazione d'inganni (da bugie vere e proprie a numeri di telefono o URL falsificati) e giocando su emozioni come avidità, paura o simpatia.

Poi c'è una manipolazione più diretta, forse l'esempio più famoso di cui è quando Iago manipola Otello per creare sospetti sulla fedeltà di Desdemona, giocando sulle sue insicurezze per renderlo geloso e facendolo arrabbiare: tutto questo porterà Otello ad uccidere la sua amata. Tutti questi esempi di manipolazione hanno in comune un senso d'immoralità.

Certamente, la manipolazione spesso danneggia. Nel caso di pubblicità di successo, annunci manipolatori di prodotti potenzialmente dannosi contribuiscono alla malattia e alla morte; phishing tramite mail o sms oppure chiamate e altre truffe facilitano il furto d'identità e altre forme di frode; le tattiche sociali manipolative possono generare relazioni abusive o malsane; la manipolazione di un politico o di un partito possono fomentare divisioni sociali indebolendo la democrazia. Ma la manipolazione non è sempre dannosa.

Mettiamo il caso che Anna abbia appena lasciato un partner geloso e violento ma fedele e che in un momento di debolezza sia tentata di ricominciare la relazione. Immagina che gli amici di Anna utilizzando le stesse tecniche che Iago usava su Otello convincendo Anna, facendole credere che il suo ex partner non solo fosse violento, ma anche infedele. Se questa manipolazione impedisce ad Anna di riconciliarsi, potrebbe avere un effetto positivo su di lei più di quanto i suoi amici non l'avessero manipolata. Eppure, a molti, potrebbe sembrare moralmente inappropriato.

Intuitivamente, sarebbe stato moralmente accettabile per i suoi amici utilizzare mezzi non manipolatori per aiutare Anna. Nella manipolazione rimane sempre un dubbio di moralità, anche quando è usata a fin di bene piuttosto che per danneggiare la persona manipolata. Quindi il dolo non può essere la ragione per cui la manipolazione è considerata sbagliata.

Forse la manipolazione è dunque da considerarsi sbagliata perché implica tecniche che sono modi di per sè immorali per intrattenere rapporti con altri esseri umani. Questo pensiero potrebbe essere particolarmente attraente per coloro che sono ispirati dall'idea di Immanuel Kant sulla moralità. Ma nonostante tutto il suo fascino, anche questa risposta non è all'altezza, poiché condannerebbe molte forme d'influenza moralmente benigne.

Ad esempio, gran parte della manipolazione di Iago implica fare appello alle emozioni di Otello. Ma gli appelli emotivi non sono sempre manipolatori. Spesso nei tentativi di persuasione si fa appello all'empatia o si tenta di trasmettere le emozioni che si proverebbero se gli altri ti facessero quello che stai ricambiando loro. In uguale maniera, convincere qualcuno dissuadendolo da un comportamento inappropriato mettendolo in guardia su qualcosa di veramente pericoloso, farlo sentire in colpa per qualcosa che è veramente immorale o ad avere un ragionevole livello di fiducia nelle proprie capacità reali, non sembra manipolazione. Anche gli inviti a riflettere su propri giudizi potrebbe non essere comportamenti manipolatori in situazioni in cui, a causa forti emozioni o stati alterati, ci siano davvero buone ragioni per farlo. Non tutte le forme d'influenza non razionale sembrano essere manipolative.

Sembra, quindi, che se un'influenza sia manipolativa dipende da come è utilizzata. Le azioni di Iago sono da considerarsi manipolative e sbagliate perché hanno come scopo di indurre Otello a pensare e sentire cose errate. Iago sa che Otello non ha motivo di essere geloso, ma ottiene comunque che Otello lo sia. Questo è l'analogo emotivo dell'inganno che Iago pratica anche quando organizza le cose per ingannare Otello nel formare convinzioni fasulle.

Il Gaslight manipolativo si verifica quando il manipolatore induce un altro a diffidare di ciò che egli riconosce essere un buon giudizio. Al contrario, consigliare a un amico arrabbiato di evitare di dare giudizi improvvisi prima di calmarsi, non è agire in modo manipolativo, se sai che il giudizio del tuo amico è davvero temporaneamente malsano. Quando un truffatore cerca di farti provare empatia per un filantropo inesistente, agisce in modo manipolativo perché sa che indurre empatia per qualcuno che non esiste è sbagliato, mentre un sincero appello all'empatia per le persone che soffrono di miseria dovuta a calamità naturali è da considerarsi persuasione morale piuttosto che manipolazione. Quando un partner infedele cerca di farti sentire in colpa per averlo sospettato, sta cercando di agire in modo manipolativo tentando di indurre un senso di colpa fuori luogo. Ma quando un amico ti fa sentire in colpa per averlo abbandonato nel momento del bisogno in modo ponderato, questo non sembra un comportamento manipolativo ma piuttosto un rimprovero tra pari.

Ciò che rende un'influenza manipolatrice e ciò che la rende sbagliata sono la stessa cosa: il manipolatore tenta di convincere qualcuno ad adottare ciò che il manipolatore stesso considera una convinzione, un'emozione o un altro stato mentale inappropriati. In questo modo, la manipolazione assomiglia alla menzogna. Ciò che rende un'affermazione una bugia e ciò che la rende moralmente sbagliata sono la stessa cosa: chi parla cerca di convincere qualcuno ad adottare ciò che l'oratore stesso considera una falsa convinzione. In entrambi i casi, l'intento è convincere un'altra persona a commettere qualche tipo di errore. Il bugiardo cerca di convincerti ad adottare una falsa convinzione. Il manipolatore potrebbe farlo, ma potrebbe anche provare a farti sentire un'emozione inappropriata (forte o debole), attribuire troppa importanza alle cose sbagliate (ad esempio, l'approvazione di qualcun altro) o a dubitare di qualcosa (ad esempio, il proprio giudizio o la fedeltà della persona amata) che non ci sono buone ragioni per dubitare. La distinzione tra manipolazione e influenza non manipolativa dipende dal fatto che l'influencer stia cercando di convincere qualcuno a commettere qualche tipo di errore in ciò che pensa, sente, dubita o presta attenzione.

È naturale nella condizione umana influenzarsi a vicenda in modi e forme diverse oltre alla semplice persuasione razionale. A volte, queste influenze migliorano la situazione decisionale dell'altra persona portandola a credere, dubitare, sentire o prestare attenzione alle cose giuste. Ma la manipolazione implica l'uso deliberato di tali influenze per ostacolare la capacità di una persona di prendere la decisione giusta: questa è l'immoralità essenziale della manipolazione.

Questo modo di pensare alla manipolazione è molto utile per aiutarci a riconoscerla. Si può pensare che la manipolazione sia sinonimo d'influenza. Ma i tipi d'influenze usati per manipolare possono anche essere usati in modo non controllabile. Ciò che differenzia la manipolazione non è il tipo d'influenza utilizzata, ma se è utilizzata per mettere l'altra persona in condizioni migliori o peggiore nel prendere una decisione. Quindi, per riconoscere la manipolazione, non è la forma dell'influenza, ma l'intenzione della persona che la usa a fare la differenza.

In definitiva, i nostri valori devono motivare il processo decisionale etico che eviti la manipolazione emotiva. Il monitoraggio delle nostre emozioni può aiutarci a evitare di passare dall'influenza alla manipolazione, nonché a rilevare quando potremmo subire questi attacchi da altri.

www.ingramcontent.com/pod-product-compliance
Lightning Source LLC
Chambersburg PA
CBHW061339250726

48657CB00004B/1242